AUTISMO NA EDUCAÇÃO INFANTIL
UM OLHAR PARA INTERAÇÃO SOCIAL E INCLUSÃO ESCOLAR

Editora Appris Ltda.
1.ª Edição - Copyright© 2020 dos autores
Direitos de Edição Reservados à Editora Appris Ltda.

Nenhuma parte desta obra poderá ser utilizada indevidamente, sem estar de acordo com a Lei nº 9.610/98. Se incorreções forem encontradas, serão de exclusiva responsabilidade de seus organizadores. Foi realizado o Depósito Legal na Fundação Biblioteca Nacional, de acordo com as Leis nos 10.994, de 14/12/2004, e 12.192, de 14/01/2010.

Catalogação na Fonte
Elaborado por: Josefina A. S. Guedes
Bibliotecária CRB 9/870

M917a
2020
	Mota, Carol
	    Autismo na educação infantil : um olhar para interação social e inclusão escolar / Carol Mota . - 1. ed. - Curitiba : Appris, 2020.
	    197 p. ; 23 cm. – (Psicopedagogia, educação especial e inclusão).
	
	    Inclui bibliografia.
	    ISBN 978-65-5820-430-5
	
	    1. Autismo em crianças. 2. Inclusão escolar. 3. Interação social. I. Título. II. Série.
	
	                                                                                CDD – 371. 9

Livro de acordo com a normalização técnica da ABNT

Appris
editora

Editora e Livraria Appris Ltda.
Av. Manoel Ribas, 2265 – Mercês
Curitiba/PR – CEP: 80810-002
Tel. (41) 3156 - 4731
www.editoraappris.com.br

Printed in Brazil
Impresso no Brasil

Carol Mota

AUTISMO NA EDUCAÇÃO INFANTIL
UM OLHAR PARA INTERAÇÃO SOCIAL E INCLUSÃO ESCOLAR

FICHA TÉCNICA

EDITORIAL	Augusto V. de A. Coelho
	Marli Caetano
	Sara C. de Andrade Coelho
COMITÊ EDITORIAL	Andréa Barbosa Gouveia - UFPR
	Edmeire C. Pereira - UFPR
	Iraneide da Silva - UFC
	Jacques de Lima Ferreira - UP
ASSESSORIA EDITORIAL	Evelin Louise Kolb
REVISÃO	André Luiz Cavanha
PRODUÇÃO EDITORIAL	Gabrielli Masi
DIAGRAMAÇÃO	Jhonny Alves dos Reis
CAPA	Eneo Lage
COMUNICAÇÃO	Carlos Eduardo Pereira
	Débora Nazário
	Karla Pipolo Olegário
LIVRARIAS E EVENTOS	Estevão Misael
GERÊNCIA DE FINANÇAS	Selma Maria Fernandes do Valle

COMITÊ CIENTÍFICO DA COLEÇÃO PSICOPEDAGOGIA, EDUCAÇÃO ESPECIAL E INCLUSÃO

DIREÇÃO CIENTÍFICA	Ana El Achkar (Universo/RJ)
CONSULTORES	Prof.ª Dr.ª Marsyl Bulkool Mettrau (Uerj-Universo)
	Prof.ª Dr.ª Angelina Acceta Rojas (UFF-Unilasalle)
	Prof.ª Dr.ª Adriana Benevides Soares (Uerj-Universo)
	Prof.ª Dr.ª Luciene Alves Miguez Naiff (UFRJ)
	Prof.ª Lucia França (UFRJ-Universo)
	Prof.ª Dr.ª Luciana de Almeida Campos (UFRJ-Faetec)
	Prof.ª Dr.ª Mary Rangel (UFF-Uerj-Unilasalle)
	Prof.ª Dr.ª Marileide Meneses (USP-Unilasalle)
	Prof.ª Dr.ª Alessandra CiambarellaPaulon (IFRJ)
	Prof.ª Dr.ª Roseli Amábili Leonard Cremonese (INPG-AEPSP)
	Prof.ª Dr.ª Paula Perin Vicentini (USP)
	Prof.ª Dr.ª Andrea Tourinho (Faculdade Ruy Barbosa-BA)

Aos meus pais, por todo amor e dedicação ao longo da minha vida.

AGRADECIMENTOS

À minha orientadora de mestrado, Pompéia Villachan-Lyra, pelo aprendizado, pela competência, disponibilidade, orientações e por estarmos juntas em todo esse processo. Sem suas colaborações e contribuições este livro não seria possível.

À escola de realização do estudo, em especial às professoras, mediadoras, crianças e suas famílias que aceitaram participar e contribuir de maneira significativa com esta obra. Aos desenhistas e artistas, Maria Clara e Renan, com muito carinho, que ilustraram lindamente com seus desenhos a capa do livro.

A todos professores, professoras e colegas de estudos desde a graduação que nas trocas em sala de aula sempre contribuíram para que eu visse o mundo com novos olhos. Em especial ao querido professor Everson Melquíades e à professora Clarissa Araújo, com muito carinho, por terem me dado todo embasamento necessário para seguir na graduação.

À equipe de trabalho do Centro de Desenvolvimento Infantil (CDI), de ontem e de hoje, onde, na prática cotidiana, compartilhamos vivências e discussões sobre o Transtorno do Espectro Autista. Em especial, à Juliana Maia que, inicialmente, esteve presente nessa trajetória contribuindo com meus conhecimentos na área; à Nathalia Paixão, pela amizade, trocas, construções e saberes experienciais ao longo de nosso cotidiano de trabalho; e à Patrícia Piacentini, primeiramente por ter trazido um modelo de intervenção dialógico, respeitoso e humano para o Brasil, que mudou a vida de muitas famílias e profissionais; e, também, por me ensinar a ver o autismo *fora da caixa*, instruir-me no campo do desenvolvimento infantil e do TEA, pelas orientações, estudos e trocas.

Aos amigos que dividiram reflexões sobre a vida, momentos de alegria, que me ouviram e estiveram presentes. À Mariana, que esteve de longe e de perto enviando boas vibrações, sendo escuta e dando força, com tranquilidade e cuidado.

A Orlandinho, pois foi o nosso encontro nesta vida que possibilitou a mudança em minha caminhada, que me trouxe até aqui e até crianças incrivelmente maravilhosas, e, principalmente, por tudo que me ensina ao longo desse nosso trajeto. A todas as minhas crianças, que a cada encontro me transformam, ensinam-me e fazem-me ver o mundo de um jeito melhor.

À minha Tia Mariluza e a minha Vó Nina (*in memoriam*), por terem acreditado em mim inicialmente e contribuído para minha inserção no meio acadêmico.

A Wagner, que sempre esteve ao meu lado desde o início de minha trajetória, com inteireza, cumplicidade e paciência. À Gabi, por toda irmandade, cuidado e companheirismo; por estar ao meu lado na vida. A painho, por todas as conversas enquanto íamos pra escola durante minha infância e adolescência, orientações, por todo cuidado, amor e zelo. À mainha, por toda força, dedicação, empenho, paciência e amor, oferecendo todo alicerce para que eu pudesse ter uma vida acadêmica – não esquecerei de nenhuma das vezes em que consegui estudar apenas por ter seu suporte na vida e em nossa casa. Ninguém chega só a lugar nenhum, obrigada por estarem sempre comigo.

As escolas passam a ser chamadas inclusivas no momento em que decidem aprender com os alunos o que deve ser eliminado, modificado, substituído ou acrescentado nas seis áreas de acessibilidade (arquitetônica, atitudinal, comunicacional, metodológica, instrumental e programática), a fim de que cada aluno possa aprender pelo seu estilo de aprendizagem e com o uso de todas as suas inteligências.
(Romeu Sassaki)

PREFÁCIO

Este livro contribui de modo bastante didático para uma compreensão a respeito das dificuldades sensório-motoras que as crianças com diagnóstico de Transtorno do Espectro do Autismo (TEA) apresentam e impactam na sua jornada acadêmica (e muitas vezes emocional) na escola, sobre a interação e inclusão escolar. O conteúdo está repleto de informações cruciais para atuação nessa área e conta com a validação da pesquisa realizada e de outras já existentes, com aparato científico que possibilita aos profissionais compreenderem o desenvolvimento infantil a partir de ferramentas importantes que facilitarão as respostas acadêmicas e emocionais das crianças com TEA. As contribuições sobre desenvolvimento infantil, aspectos sensoriais e motores, ajudam-nos a entender a forma como uma criança processa, compreende e responde ao mundo; tais fatores estão conectados com ações cognitivas das crianças no contexto de inclusão escolar.

Quem acredita no desenvolvimento nunca deve esquecer que muitas vezes o interesse da criança é a janela emocional que nos permite saber o que ela pode ou não pode fazer. Familiares, educadores, educadoras e terapeutas, devem buscar construir pontes afetivas com a criança respeitando sempre seus interesses e de modo a validar sua autoestima. Considero que, quando pensamos no TEA, os planos cognitivos e sociais só terão resultados se identificarmos, enquanto profissionais, o que a criança com diagnóstico pode ou não fazer, pois muitas das crianças com atrasos no desenvolvimento ainda estão descobrindo o próprio movimento e planejando pequenas ações como se estivessem em um processo de preparação para o mundo.

Sabemos que o mundo social exige na infância, primeiramente, o domínio da política do *playground* (práxis), o domínio da coordenação motora ampla, das habilidades de subir, descer, pular, correr etc., que muitas vezes exigem das crianças a realização de ações que permitam a elas participar nos contextos do parquinho com outras da mesma idade, o que influencia diretamente no modo como a criança se percebe, em sua confiança em si mesma e em seus aspectos emocionais. Além dos aspectos motores, nesse mundo se faz necessário saber onde o corpo está no ambiente, fator bastante desafiador no TEA.

Ao pensarmos em práticas inclusivas, faz-se necessário repensar como fazemos para introduzir na universidade disciplinas que validem as práticas de desenvolvimento para o conhecimento pedagógico das diferenças individuais, principalmente no campo universitário deveríamos começar a expandir o acesso ao conhecimento sobre essa temática. E por essa e outras razões que este livro vai contribuir em todos os aspectos para a formação desses profissionais, com conhecimentos que muitas vezes professores e professoras não veem nas universidades, principalmente como podemos validar e compreender os mundos individuais que circulam nas nossas escolas todos os dias, nos aspectos da interação social e da inclusão escolar. Neste livro, Carol Mota disserta sobre o TEA, as práticas educativas e inclusivas, trazendo a perspectiva sócio-histórica do desenvolvimento infantil e analisando vivências vídeo-gravadas do contexto escolar.

Não podemos mais ensinar as nossas crianças nos modelos antigos, particularmente, crianças com necessidades específicas e que tenham dificuldades de processamento. Nesse aspecto, o modelo desenvolvimentista que nos orienta valida as crianças onde elas estão na escala de desenvolvimento e compreende que as habilidades são desafiadas por questões motoras, sensoriais e de processamento. As escolas precisam ampliar sua perspectiva e trabalhar de modo mais abrangente, reconhecendo esses aspectos para favorecer a inclusão. Como destacado por Greenspan e Wieder (2006, p. 116), "um programa abrangente inclui trabalhar no nível de desenvolvimento emocional de uma criança, criando relações de aprendizagem adaptadas às suas diferenças individuais e de processamento".

Com muito prazer aceitei construir este prefácio por considerar este livro de extrema importância no meio acadêmico e profissional. Seu conteúdo contribui diretamente com a prática de educadores e educadoras que encontram dificuldades no contexto escolar e, muitas vezes, se frustram por não alcançarem seus objetivos com crianças com necessidades específicas. Se faz necessário compreender que no desenvolvimento infantil etapas como: relacionamento, engajamento, comunicação, alteração de comportamentos por meio da compreensão, crescimento emocional, desenvolvimento intelectual e diferenças individuais, são peças fundamentais que qualquer familiar, terapeuta, educador e educadora precisa validar para mediar a relação da criança com o mundo.

É um livro que contribuirá para a inclusão, a partir da compreensão do mundo das diferenças individuais e da teoria do desenvolvimento humano nas esferas do aprendizado. Carol Mota traz detalhes enriquecedores dos processos de interação e de inclusão das crianças com diagnóstico de TEA, a partir do respeito às suas diferenças individuais, emocionais e sensório-motoras. É possível dizer que é uma grande contribuição no campo social e educacional, fundamental para o contexto escolar, que integra a Psicologia do Desenvolvimento com foco nas interações estabelecidas no contexto escolar de educação infantil.

Por fim, conforme muito bem apresentado, fica claro que os interesses da criança são a chave do aprendizado. No modelo DIR nos tornamos detetives, investigando qual a porta que a criança abre (espontaneamente) para que nós terapeutas possamos atuar e, junto à família, expandir os níveis de desenvolvimento. Nas escolas, educadoras e educadores devem seguir esse mesmo caminho, pois acreditamos que isso proporcionará à criança uma autonomia emocional, necessária para expandir suas habilidades. Às vezes essas portas se abrem nas brincadeiras motoras, outras vezes nas brincadeiras sensoriais, outras nos scripts. O importante é estarmos sempre ali, mediando esse desenvolvimento e validando a iniciação. No meu ponto de vista, as crianças com TEA precisam dessa validação emocional, que é bem mais importante que qualquer intervenção cognitiva. Sem a relação, fica impossível criar uma intervenção que funcione em todos os níveis de desenvolvimento.

Patrícia Piacentini
Expert Training Leader DIR/Floortime (ICDL/USA);
Especialista em Desenvolvimento Infantil e
Mestra em Educação Especial pela Antioch Univesity Santa Bárbara (USA);
Psicopedagoga; graduada em História;
Fundadora e diretora do Centro de Desenvolvimento Infantil (CDI).

LISTA DE SIGLAS

ABA	–	*Applied Behavior Analysis* (Análise Comportamental Aplicada)
CAA	–	Comunicação Alternativa e Ampliada
Capes	–	Comissão de Aperfeiçoamento de Pessoal do Nível Superior
CDI	–	Centro de Desenvolvimento Infantil
Dcneis	–	Diretrizes Curriculares Nacionais da Educação Infantil
DEC	–	Laboratório de estudos da Dialogia Experiência Estética e Criatividade
DIR	–	*Developmental, Individual Difference, Relationship-based model* (Desenvolvimento funcional emocional, Diferenças individuais, Relacionamento)
DSM	–	Manual de Diagnóstico e Estatística dos Transtornos Mentais
Fafire	–	Faculdade Franssinetti do Recife
Icdl	–	*Interdisciplinary Council on Development and Learning* (Conselho Interdisciplinar de Desenvolvimento e Aprendizagem)
LDB ou Ldben	–	Lei de Diretrizes e Bases da Educação Nacional
Ninapi	–	Grupo de pesquisa em Neuropsicologia, Afetividade, Aprendizagem e Primeira Infância
Pecs	–	*Picture Exchange Communication System* (Sistema de comunicação por troca de imagens)
Pibic	–	Programa Institucional de Bolsas de Iniciação Científica
Scerts	–	*Social Communication, Emotional Regulation Transactional Support model* (Comunicação Social, Regulação emocional, Suporte transicional)
TEA	–	Transtorno do Espectro do Autismo
Teacch	–	*Tratament and Education of Autistic and Related Communication Handicapped Children* (Tratamento e Educação de Crianças Autistas e com Desvantagens na Comunicação)
TGD	–	Transtorno Global do Desenvolvimento
TGD – SOE	–	Transtorno Global do Desenvolvimento Sem Outras Especificações
Ufpe	–	Universidade Federal de Pernambuco
Ufrpe	–	Universidade Federal Rural de Pernambuco
ZDP	–	Zona de Desenvolvimento Proximal

SUMÁRIO

INTRODUÇÃO 19

1
AUTISMO, INTERAÇÃO SOCIAL E INCLUSÃO ESCOLAR 25
1.1 Autismo 25
   1.1.1 Breve Histórico 25
   1.1.2 Aspectos sensoriais no autismo 30
   1.1.3 Aspectos motores no autismo 34
   1.1.4 Intervenções utilizadas no Transtorno do Espectro Autista 37
      1.1.4.1 A importância do olhar Transdisciplinar 44
      1.1.4.2 Intervenção Precoce 47
1.2 O contexto social no desenvolvimento infantil 50
   1.2.1 A interação no desenvolvimento a partir da perspectiva sócio-histórica 50
   1.2.2 A interação social no contexto escolar 56
   1.2.3 Autismo e interação social 59
1.3 Por uma sociedade para todos e todas 61
   1.3.1 Da segregação à Inclusão 61
   1.3.2 Um breve olhar sobre a legislação 64
   1.3.3 Educação Inclusiva 68
   1.3.4 Autismo e inclusão escolar 72
1.4 Educação infantil 75
   1.4.1 Prática docente na educação infantil: um olhar para educação inclusiva 78

2
PERCURSOS DA PESQUISA 85
2.1 Considerações e Cuidados Éticos 94

3
ANÁLISE E DISCUSSÃO DOS RESULTADOS 97
3.1 A interação social da criança com diagnóstico de TEA no contexto da educação infantil 99
   3.1.1 Episódios de interação com a professora e com a mediadora 103

3.1.1.1 Atividade lúdica ... 103
3.1.1.2 Brincadeira com movimento ... 106
3.1.1.3 Direcionamentos ... 110
3.1.1.4 Questionamentos ... 113
3.1.1.5 Suporte na atividade ... 116
3.1.1.6 Suporte na brincadeira ... 120
3.1.2 Episódios de Interação entre a criança com diagnóstico de TEA e seus pares ... 123
3.1.2.1 Brincadeira com movimento ... 123
3.1.2.2 Imitação ... 126
3.1.2.3 Iniciação ... 128
3.1.2.4 Iniciação do/da colega ... 132
3.1.2.5 Interesse por objeto ... 135
3.2 A inclusão escolar da criança com TEA no contexto da educação infantil ... 138
3.2.1.1 Direcionamento para interação com o grupo ... 140
3.2.1.2 Repetição ... 143
3.2.1.3 Suporte na atividade ... 149
3.2.1.4 Tempo de espera ... 153
3.3 Concepções das professoras sobre prática docente, interação social e inclusão escolar de crianças com TEA na educação infantil ... 156
3.3.1 A interação social na educação infantil das crianças com TEA a partir da perspectiva das docentes ... 157
3.3.2 Inclusão escolar e prática docente a partir da visão das professoras da educação infantil ... 161

4
CONSIDERAÇÕES FINAIS ... 167

REFERÊNCIAS ... 173

LEITURA EXTRA ... 181

ILUSTRADORES ... 197

INTRODUÇÃO

Este livro buscou, a partir de uma investigação empírica, perceber como/se as práticas de professoras da educação infantil podem favorecer a interação social e a inclusão de crianças diagnosticadas com Transtorno do Espectro Autista (TEA). Meu interesse volta-se especificamente para o trabalho com crianças com TEA, justo porque, desde 2010, tenho exercido atividades com as mesmas. Inicialmente, em 2010, no meu primeiro estágio na educação infantil iniciei o trabalho de mediação escolar com uma criança com TEA. Posteriormente, segui para estagiar no Centro de Desenvolvimento Infantil (CDI), espaço transdisciplinar especializado no atendimento de crianças com TEA e atrasos no desenvolvimento, onde tive a oportunidade de dialogar com diversos profissionais e realizar cursos sobre a temática para aprofundar meus conhecimentos. Desde então, exerci diferentes atividades com as crianças com TEA como, por exemplo, mediação escolar, atividades musicais, atividades psicopedagógicas, atendimento individual e com grupos terapêuticos. Em paralelo, durante a graduação em Pedagogia; a pós-graduação em Psicopedagogia Clínica e Institucional; e o Mestrado em Educação, Culturas e Identidades; tive a oportunidade de aprofundar estudos no campo da Educação Inclusiva e da Prática Educativa, tanto em disciplinas acadêmicas, quanto em estágios extracurriculares, projetos de iniciação científica (Pibic – Ufpe) que realizei, monitorias e como integrante de grupos de estudo.

Tais vivências me trouxeram à temática em questão, assim como me permitiram perceber as dificuldades de professores e professoras em lidar com estudantes com necessidades específicas. Tal dificuldade se dá, em grande parte, devido à lacuna referente a saberes dessa temática na formação inicial e continuada, evidência acentuada principalmente nas conversas informais que realizei com docentes, e com base na minha vivência durante minha formação acadêmica. Contudo, considero que a discussão sobre o campo na formação inicial pode ser uma lacuna, embora não se constitua como único problema. Maior parte dos meus conhecimentos no trabalho com TEA aprendi em atividades extracurriculares, especificamente nas vivências, supervisões e estudos realizados em instituição especializada. Todo esse contexto me motivou a querer trazer para o presente livro uma investigação voltada para a prática cotidiana das professoras que atuam com as crianças com TEA.

Antes de passarmos às questões específicas da presente obra, torna-se importante abordar uma apresentação do que será contemplado de modo geral, começando especificamente situando leitores e leitoras sobre o transtorno. Inicialmente, em 1943, o autismo foi considerado como uma psicose, especificamente como uma esquizofrenia precoce. Desde a década de 1940 até os dias atuais, os estudos sobre autismo têm acumulado conhecimentos importantes em diversas áreas. No Manual de Diagnóstico e Estatística dos Transtornos Mentais, 5ª edição, de 2013 (DSM-5) – mais recente classificação – feito pela Associação Americana de Psiquiatria, o autismo pertence à categoria denominada *transtorno de neurodesenvolvimento*, sendo nomeado como Transtorno do Espectro do Autismo (TEA). Assim, Schmidt (2013, p.13) destaca que "o TEA é definido como um distúrbio do desenvolvimento neurológico que deve estar presente desde a infância".

Na 4º edição do DSM (1994), para considerar-se o diagnóstico de TEA, era necessário o comprometimento de três áreas: 1) interação social; 2) comunicação; 3) comportamentos repetitivos e interesses restritos. Na versão mais atual do DSM – 5 (2013), o transtorno se caracteriza por déficit em apenas duas dimensões: sociocomunicativa e comportamental.

No que se refere à etiologia, a realidade é que, até o momento, não se pode identificar as causas do atraso no desenvolvimento, mas, de modo geral, as pesquisas atuais revelam a influência de fatores genéticos e ambientais (GRANDIN, 2015). "Não existe um marcador biológico específico que o caracterize; acredita-se em uma multicausalidade com fortes indícios de um componente genético" (CAMINHA, 2013, p. 10). O DSM-5 (2013), não faz menção direta às dificuldades sensoriais e motoras apresentadas por crianças com TEA. No entanto, atualmente essa temática vem ganhando espaço nos debates sobre autismo (FIORE-CORREIA; LAMPREIA, 2012; CAMINHA, 2013; GRANDIN, 2015; WHITMAN, 2015), pois tanto respostas não esperadas a estímulos sensoriais são frequentes nos casos de crianças com TEA como comprometimento no desenvolvimento motor.

Considerando essas colocações acima destacadas, é importante refletir sobre a escola e seus impactos no desenvolvimento das crianças com TEA. No contexto escolar, as vivências podem "proporcionar a essas crianças com TEA oportunidades de convivência com outras da mesma faixa etária, constituindo-se num espaço de aprendizagem e de desenvolvimento da competência social" (BOSA; CAMARGO, 2009, p. 65). De acordo com Vigotski (2007), a interação social é uma relação complexa que se desenvolve com a participação dos sujeitos diretamente envolvidos e também dos instrumentos de mediação inseridos no contexto sociocultural do qual tais sujeitos pertencem.

> Na interação, um conjunto de elementos – espaço físico, objetos, adereços, e também gestos, posturas, sons, palavras – são apropriados pelos indivíduos que lhes emprestam a si mesmos significados atualizados. Com isso vão sendo construídos, na interação, o cenário, os personagens, o enredo (OLIVEIRA; ROSSETTI-FERREIRA, 1988, p. 199)

No âmbito da Psicologia do Desenvolvimento, Hartup (1989) sugere que toda criança necessita vivenciar os dois tipos de relações, vertical e horizontal. A primeira se caracteriza por relacionamentos com pessoas de "maior poder", como pais, mães e docentess, enquanto os relacionamentos horizontais são mais igualitários por envolverem sujeitos da mesma idade, cujo poder social se origina de um mesmo repertório de experiências. Ainda de acordo com o autor, ambos os tipos de relacionamentos são importantes e necessários para o desenvolvimento de habilidades sociais da criança.

A partir de tais afirmações, surge as seguintes questões: como se dá a interação social das crianças com autismo no contexto escolar com seus pares e com seus/suas professores/professoras? A prática docente influencia a interação e inclusão das crianças com TEA no contexto escolar e em especial na educação infantil? Se sim, de que maneira? Se não, que outros elementos podem contribuir para promover essa interação e inclusão?

A possibilidade de conviver com crianças da mesma faixa etária proporciona um ambiente com maiores possibilidades de interação, o que contribui para o desenvolvimento do sujeito, a partir de modelos oferecidos pelos pares. Nessa conjuntura, a inclusão escolar de crianças com diagnóstico de autismo surge como uma alternativa que possibilita um contexto com possibilidades de interação mais amplas, contribuindo para o desenvolvimento de todas as crianças envolvidas, considerando que *todas as pessoas* aprendem com as diferenças. Em relação à essa afirmação, o Ministério da Educação (2002, p. 13) destaca que

> Cada pessoa é única, com características físicas, mentais, sensoriais, afetivas e cognitivas diferenciadas. Portanto, há necessidade de se respeitar e valorizar a diversidade e a singularidade de cada ser humano [...] cai o "mito" da constituição de uma turma homogênea e surge o desafio de uma "práxis" pedagógica que respeite as diferenças [...]

Dessa forma, as habilidades sociais podem ser assimiladas pelas trocas que acontecem no processo de aprendizagem social, que requer respeito às singularidades de cada criança. Diante dessas considerações, fica evidente que crianças sem e/ou com deficiência no contexto interacional fornecem, entre outros aspectos, modelos de interação para as crianças com TEA, ainda que a compreensão social dessas últimas seja comprometida. A oportunidade de interação com os pares é a base para o seu desenvolvimento, como para o de qualquer criança. Desse modo, acredita-se que a convivência compartilhada da criança com diagnóstico de autismo na escola, a partir da sua inclusão no ensino comum, possa oportunizar os contatos sociais e favorecer não só o seu desenvolvimento, mas o das outras crianças, na medida que todas em convivência aprendem com as diferenças.

Optei por refletir sobre a prática docente na educação infantil por entender sua relevância para o desenvolvimento afetivo, relacional e cognitivo do sujeito. De acordo com Souza (2012, p. 20), "a prática docente é apenas uma das dimensões da prática pedagógica". A prática pedagógica não pode ser reduzida à ação do/da professor/professora ou à prática docente, ela é resultante de um conjunto de práticas que se realizam na escola, enquanto a prática docente é a de professores e professoras em seu exercício de atuação com seus/suas alunos/alunas.

Diante do acima exposto, das discussões sobre inclusão e autismo, são urgentes as investigações com crianças com TEA no contexto pré-escolar, visto que nessa época da vida as crianças se deparam com as primeiras experiências com outras crianças, fora do contexto familiar e recreativo. No entanto, nesse contexto é imprescindível para a construção de uma sociedade que seja realmente para todas as pessoas a adoção de práticas inclusivas em todos seus aspectos. Neste livro, concordo com Martins (2007), cuja crença é a de que para incluir todas as pessoas na sociedade, inclusive aquelas com deficiência, o paradigma da inclusão baseia-se na ideia de que a sociedade deve se modificar, fato que implica, primeiramente, a aceitação das pessoas como elas são, respeitando suas diferenças individuais.

A partir da compreensão sobre o comprometimento da dimensão social das crianças com TEA, a escola possui um papel fundamental para ultrapassar os déficits sociais dessas crianças, devendo disponibilizar sempre boas experiências socializadoras. Visto que os relacionamentos entre crianças da mesma idade desempenham um papel fundamental no desenvolvimento de suas habilidades sociais, o ***objetivo geral*** da pesquisa realizada para organização do livro foi investigar se/como a prática docente na educação infantil favorece a interação social e inclusão escolar de crianças com TEA. Para tanto, os seguintes *objetivos específicos* foram traçados: 1) caracterizar as interações sociais estabelecidas pelas crianças com TEA com seus pares, professora e mediadora[1] no contexto da educação infantil; 2) caracterizar os episódios de inclusão escolar favorecidos pela professora e mediadora; e 3) analisar as concepções das professoras sobre suas práticas na educação infantil e com crianças com TEA na perspectiva de serem inclusivas.

O enquadramento teórico será apresentado em quatro tópicos principais, que tem por objetivo fornecer subsídios para a compreensão do livro. Para isso, inicialmente haverá uma discussão sobre o Transtorno do Espectro Autista (TEA), na qual serão apresentadas primeiramente, as principais ideias encontradas na literatura sobre o autismo. Em seguida, haverá uma apresentação sobre o que se entende por interação social e qual sua relevância para o desenvolvimento infantil, a partir da perspectiva histórico-cultural. O tópico seguinte discutirá a inclusão e sua importância na sociedade contemporânea, com recorte específico para a inclusão escolar. E por fim, uma breve discussão sobre a educação infantil e sobre a prática docente nessa modalidade de ensino. No capítulo seguinte será apresentado o percurso da pesquisa utilizado no presente estudo e, em seguida, serão apresentados e discutidos os resultados e conclusões. Por fim, alguns textos construídos a partir de minhas vivências práticas serão compartilhados como leitura extra, por dialogarem com a temática em questão.

Considerando os aspectos aqui abordados, este livro mostra-se relevante, uma vez que soma esforços na busca de alternativas para a adequação de metodologias de trabalho docente para esse público. Por suas peculiaridades, as crianças com diagnóstico de autismo precisam ser compreendidas nesse contexto para que assim possa ser realizado um trabalho educacional apropriado. Percebo também a importância de tecer contribuições para a prática de professoras e professores para a realização de um trabalho inclusivo e que proporcione contribuições significativas para o desenvolvimento das crianças com TEA no contexto escolar.

---

[1] Inicialmente a investigação seria realizada apenas com as docentes. No entanto, durante a coleta de dados a relação das crianças com as mediadoras emergiu significativamente, o que fez com que o recorte fosse ampliado na análise incluindo as mediadoras nos objetivos específicos 1 e 2 e, a partir daí, investigar a prática pedagógica.

AUTISMO, INTERAÇÃO SOCIAL E INCLUSÃO ESCOLAR

1.1 Autismo

1.1.1 Breve Histórico

O interesse inicial pelo autismo partiu da categoria médica. Embora o psiquiatra suíço Eugene Bleuler em 1916 tenha utilizado o termo *autismo* se referindo a sintomas negativos da esquizofrenia, as primeiras publicações sobre o que conhecemos hoje por autismo infantil foram feitas por Leo Kanner (1943) e Hans Asperger (1944).

Kanner, pesquisador e médico psiquiatra austríaco radicado nos Estados Unidos da América, observou em 11 crianças que acompanhava algumas características em comum: dificuldade de se relacionarem com outras pessoas, comprometimento na linguagem (comunicação restrita) e fixação pelo que é imutável (KANNER, 1943; GRANDIN, 2015; WHITMAN, 2015; BOSA, 2002; SCHWARTZMAN, 2003).

Kanner destacou em seus artigos que os comportamentos autistas pareciam estar presentes desde os primeiros anos de vida. Nesse período inicial, a influência do ambiente ganhava destaque, com foco nas interações mãe-criança sobre o desenvolvimento infantil. Nessa época, ele destacou como principal causa do autismo a falta de interações entre a mãe e o bebê nos meses iniciais, criando a nomenclatura *mãe geladeira*. Segundo ele, havia certa frieza nas relações entre os pais e os filhos. A partir de tal colocação, Kanner (1943) concebeu o autismo como um distúrbio do contato afetivo, acarretando um isolamento social.

Na mesma época, Hans Asperger, médico pediatra austríaco, teve sua tese de doutorado intitulada *Psicopatia Autística*, apresentada em 1943 e publicada apenas em 1944. Era um estudo sobre crianças que apresentavam características clínicas muito próximas das descritas por Kanner. Em razão da Segunda Guerra Mundial, não havia comunicação entre as comunidades científicas dos EUA e da Europa, e os dois autores praticamente na mesma época, relataram os casos de crianças com dificuldades semelhantes que acabaram sendo descritas como autistas, porém sem conhecimento dos artigos publicados pelo outro.

Hans Asperger, que tinha um interesse especial na área de educação, descreveu a dificuldade de interação social dentro de grupos apresentada por algumas crianças. Ele destacava as limitações sociais, os interesses obsessivos das crianças, aspectos da fala como incomum e estereotipada, aspectos gerais da comunicação que não estavam dentro do padrão comum (SCHWARTZMAN, 2003). Grandin (2015, p. 22) destaca que

> Enquanto Kanner tentava definir o autismo, Asperger identificava um tipo de criança que partilhava diversos comportamentos perceptíveis: falta de empatia, pouca capacidade de fazer amigos, conversas unilaterais, absorção intensa em um interesse em especial e movimentos desajeitados, observando também que essas crianças podiam falar sem parar sobre seus assuntos favoritos.

Antes desses pensadores, as crianças autistas eram incluídas como particularidades de outros transtornos, como psicose infantil ou retardo mental, ou eram simplesmente vistas como pessoas estranhas e peculiares. Ambos identificaram as dificuldades no relacionamento interpessoal e na comunicação das crianças com autismo como características centrais do quadro. Na década de 1940, a palavra autismo passou a fazer parte do léxico psiquiátrico, porém sua definição ainda era vaga. Desde então, os estudos sobre autismo têm acumulado conhecimentos importantes em diversas áreas.

Durante os anos de 1952 e 1968, na primeira e segunda edição respectivamente, o *Manual de Diagnóstico e Estatística dos Transtornos Mentais* (DSM) não trazia nenhuma menção sobre o autismo. O que constava era a palavra *autista* para descrever sintomas da esquizofrenia, e não ligada a um diagnóstico próprio (GRANDIN, 2015). Publicado em 1980, o DSM-III listava o autismo infantil em uma categoria ampla nomeada de *Transtorno Global do Desenvolvimento (TGD)*. Era preciso cumprir seis critérios para ter o diagnóstico de autismo infantil, sendo um deles a ausência de sintomas que sugerissem esquizofrenia. Percebe-se constantemente uma associação entre o autismo e a esquizofrenia nos anos que antecederam e que sucederam as publicações de Kanner e Asperger. No entanto, em relação a essa constante associação feita, Whitman (2015, p. 34) destaca que:

> Embora o Transtorno Autista e a esquizofrenia fossem considerados inicialmente como transtornos relacionados, ambos são vistos agora como entidades separadas. A comparação dos sintomas de Transtorno Autista e a esquizofrenia, entretanto, sugere que ambos os transtornos compartilham diversas características, particularmente nos domínios motor, de linguagem, afetivo e social. Um diagnóstico de Transtorno Autista é indicado quando: ocorre cedo, tem natureza crônica e envolve interferência no desenvolvimento da linguagem e interação social; em comparação com as distorções que emergem tardiamente no funcionamento normal e que ocorrem na esquizofrenia.

Sete anos depois, em 1987, ouve uma revisão na 3ª edição do DSM, o DSM-III-R, que modificou o nome do diagnóstico de autismo infantil para transtorno autista e expandiu o número de critérios de diagnóstico de seis para 16. A inclusão do autismo no DSM-III foi importante por ter formalizado o autismo enquanto diagnóstico. O conceito do autismo era muito confuso inicialmente, isso começou a se modificar a partir do DSM-III, posteriormente, em sua versão atualizada no DSM-IV.

O DSM-IV foi publicado em 1994 e acrescentou um diagnóstico novo: a Síndrome de Asperger, o que foi importante para situar o autismo enquanto um espectro de condições variáveis em vez de um quadro único. No entanto, nesse momento, a Síndrome de Asperger era um dos cinco transtornos listados como TGD, junto ao autismo, ao Transtorno Global do Desenvolvimento sem outras especificações (TGD-SOE), à Síndrome de Rett e ao transtorno desintegrativo da infância. Logo, a Síndrome de Asperger não era tecnicamente uma forma de autismo, mas com o tempo ela passou a ser chamada de *autismo de alto funcionamento*. De acordo com esse manual, o autismo refere-se a um transtorno no qual as pessoas manifestam: prejuízos na interação social e na comunicação; atividades e interesses repetitivos (GRANDIN, 2015; WHITMAN, 2015).

No *Manual de Diagnóstico e Estatística dos Transtornos Mentais*, 5ª edição, de 2013 (DSM-5), a mais recente classificação, feito pela Associação Americana de Psiquiatria, o autismo pertence à categoria denominada *transtorno de neurodesenvolvimento*, sendo nomeado como *transtorno do espectro do autismo (TEA)* e as subdivisões deixam de existir. Dessa forma, o autismo é definido como um distúrbio do desenvolvimento neurológico presente desde a infância, que se caracteriza por déficit agora em apenas duas dimensões: sociocomunicativa e comportamental.

A palavra *autismo* deriva do grego (*auto* = si + *ismos* = disposição/orientação), ou seja, *voltado para si mesmo*. Tanto Kanner quanto Asperger utilizaram a fim de chamar atenção para o comportamento social diferenciado no qual destacaram o isolamento físico e a dificuldade apresentada por essas crianças de interagir com outras pessoas. Já a denominação Transtorno do Espectro Autista (TEA) é usada para reconhecer a ampla variedade de diferenças individuais que existem entre as pessoas que compartilham este mesmo diagnóstico, variedade que inclui maneiras singulares de ser e estar no mundo.

A relação entre o autismo e o DNA foi questionada em 1977, quando deram início aos estudos sobre o autismo com irmãos gêmeos. A realidade é que, até o momento, não se pode identificar as causas do atraso no desenvolvimento e pesquisadores enfatizam a influência de fatores genéticos e ambientais. Pessoas diagnosticadas com autismo exibem suas características antes dos 36 meses de idade.

Embora o DSM-5 (2013) destaque comprometimentos em relação ao comportamento e aspectos sociocomunicativos, no Transtorno do Espectro Autista alguns estudos destacam que há um quadro significativo de pessoas com dificuldades sensoriais e motoras, que enfrentam sérios desafios enquanto tentam se adaptar aos seus ambientes. Dessa forma, como esses aspectos não são descritos no DSM-5, considero importante destacá-los de uma maneira mais detalhada. O fator central, conforme a palavra *espectro* descreve, é que existem consideráveis diferenças individuais nas características exibidas por pessoas com esse transtorno, embora elas compartilhem características diagnósticas centrais.

Nos últimos anos, o interesse pela temática do autismo aumentou consideravelmente, o que está diretamente relacionado ao número crescente de diagnósticos. O primeiro estudo epidemiológico sobre autismo, realizado em 1966, destacou um índice de prevalência de 4,5 em 10.000 crianças. Atualmente, de acordo com a Organização Mundial de Saúde (2016), uma a cada 68 crianças estão no espectro, sendo uma prevalência maior no sexo masculino com a proporção de três para um em relação ao sexo feminino. No Brasil, ainda não existem estudos de prevalência de autismo, mas estima-se que existem cerca de 2 milhões de casos diagnosticados.

Em um dos subitens a seguir apresento especificamente a interação social e o autismo, no entanto, considero importante destacar algumas características interacionais apresentadas pelas crianças com TEA, que incluem peculiaridades no que se refere a: estabelecer contato visual com outras pessoas, expressar interesse em jogos sociais e manter a interação. Além de tais características, alguns comportamentos incomuns e repetitivos podem estar presentes, por exemplo, apego a objetos específicos, utilização dos brinquedos/objetos de maneira não convencional e estereotipias (movimentos corporais repetitivos). É possível notar também uma forte tendência à manutenção das rotinas por parte das crianças, buscando sempre uma organização repetitiva e padronizada, portanto a previsibilidade é algo que facilita bastante a organização da vida diária.

Nas características comunicacionais, destaca-se a preferência por sons não verbais e uso limitado de comunicação não verbal, como contato visual, expressões faciais, gestos, linguagem corporal etc. Algumas crianças que se comunicam verbalmente apresentam dificuldade para iniciar e manter conversas, reverter pronomes, em alguns casos uma fala um pouco monótona, com volume inadequado e flexões incomuns. Um dos aspectos que chama bastante atenção na fala das crianças é a ecolalia, que consiste na repetição de palavras ou frases. As ecolalias podem ser imediatas (assim que a fala do outro acaba) ou tardias (repetição de algo ouvido há um tempo), algumas vezes é nítida sua presença dentro de um contexto, outras vezes não. Entretanto não são todas as crianças que apresentam ecolalia (WHITMAN, 2015; GRANDIN, 2015; SCHWARTZMAN, 2003). Outra característica atrelada à comunicação é o fato de que pessoas com autismo tendem a entender o mundo em termos mais concretos (GRANDIN, 2015; WHITMAN, 2015; GOERGEN, 2013). Elas apresentam dificuldades para compreender ideias abstratas, em vez disso, reagem de modo literal às palavras, o que torna difícil entenderem humor, expressões metafóricas e figuras de linguagem. Contudo considero de extrema importância destacar que cada criança apresenta uma forma particular de comunicação, portanto todos os gestos pré-verbais utilizados pelas crianças com autismo propositalmente, e não apenas sua fala são importantes marcos de sua capacidade de se comunicar. A troca de sorrisos, caretas, balançar a cabeça, levantar a sobrancelha, olhares de surpresa, concordância ou prazer em determinada atividade, merecem importância dentre desse processo comunicacional. Greenspan (2000) destaca que a ideia é que a criança possa ser estimulada a abrir e fechar cada vez mais círculos de comunicação e validar sua intencionalidade.

Considerando que os aspectos de interação, comportamento e comunicação são destacados pelo DSM-5 (2013) e, por isso, são mais discutidos, apresento em seguida uma discussão sobre os aspectos sensoriais e motores, que não estão presentes no DSM-5 e por isso são menos discutidos, no entanto, pesquisas mais recentes destacam a relação deles com o TEA.

1.1.2 Aspectos sensoriais no autismo

Estamos imersos em um mundo cheio de experiências sensoriais, por meio de cheiros, sons, gostos, texturas etc. As sensações estão conosco em todo lugar e a forma única como cada um de nós lida com essas sensações é o que torna cada um de nós quem somos. O significado do termo *sensação* corresponde "ao fenômeno psíquico elementar que resulta da ação da luz, do som, do calor ou de qualquer outro estímulo sobre os nossos órgãos dos sentidos" (LOURO, 2006, p. 44).

Antes de nascer, os bebês estão isolados pelo casulo protetor do útero. Seu ambiente sensorial é rico, mas bem estruturado, com sons, devido aos batimentos cardíacos da mãe, sua respiração, sons digestivos, movimentos e voz. Além disso, no ambiente intrauterino o feto tem experiências táteis, proprioceptivas e de paladar. Esse ambiente pré-parto, embora com alguns estímulos sensoriais, é calmo e previsível. Após o nascimento, os bebês passam a conviver em um mundo novo de estímulos, e passam por um período de adaptação ao seu novo ambiente até o amadurecimento de seus sistemas neurossensorial e neuromotor. Um ambiente com cuidados suaves protege o bebê de estímulos excessivos e o ajuda nesse processo de adaptação. A partir do momento em que respiram pela primeira vez, os bebês começam a absorver e a organizar uma variedade muito maior de sensações. Eles passam a utilizar todo o equipamento sensorial, a prestar atenção na mãe e a aprender como ser calmo e controlado ao mesmo tempo (GREENSPAN, 2000; WHITMAN, 2015).

As primeiras experiências do bebê são sensoriais e a organização do seu sistema sensorial é fundamental nas primeiras relações que vivencia. Segundo Greenspan (2000), a habilidade de tolerar diversas informações sensoriais ocorre primeiramente nas interações entre a mãe e o bebê. Crianças com dificuldades de processar as experiências sensoriais de maneira adequada também apresentarão dificuldades de utilizá-las para o aprendizado. Ainda segundo o autor, muitas crianças apresentam capacidades sensitivas e motoras que funcionam aparentemente sem esforço, porém algumas crianças levam um tempo maior tentando regular seus sentidos,

> Certos sons e toques, ou determinadas condições de iluminação, podem causar-lhes lágrimas ou sofrimento. Como seus sentidos podem ficar sobrecarregados tão facilmente, eles tendem a ser mais cautelosos quando interagem com o mundo e seus pais precisam trabalhar um pouco mais para permitir-lhes chegar a um estado mais atento. (p. 26)

De acordo com Whitman (2015, p. 59),

> Os sentidos nos alertam para eventos que acontecem ao nosso redor. Eles mobilizam e orientam o comportamento, influenciam as emoções e fornecem informações que afetam o pensamento em um nível estrutural e de conteúdo. Através dos sentidos aprendemos sobre o nosso ambiente, bem como sobre nós mesmos, criando as memórias que contêm registros da nossa história de experiências sensoriais.

O DSM-5 (2013), não faz menção direta a dificuldades sensoriais apresentadas por crianças com TEA, no entanto, atualmente essa temática vem ganhando espaço nos debates sobre autismo, pois respostas não esperadas a estímulos sensoriais são frequentes nos casos de crianças no espectro (CAMINHA, 2013; GRANDIN, 2015; WHITMAN, 2015).

As pessoas com comprometimentos no sistema sensorial perdem diversas informações sobre o mundo, cerca de nove em dez pessoas com autismo apresentam problemas sensoriais (GRANDIN, 2015). No entanto, nem todas as pessoas com problemas sensoriais respondem aos estímulos do mesmo modo. As dificuldades sensoriais observadas em pessoas com autismo variam amplamente e incluem questões como:

- *Busca Sensorial:* A pessoa busca sensações maior parte do tempo, não se saciando delas. Exemplos: podem ansiar por pressão profunda, ruídos altos, texturas diversas.

- *Hiperresponsividade:* Pessoas que são hipersensíveis aos sentidos. Exemplos: não suportar sons muito altos (hiperresponsividade auditiva); etiquetas na roupa podem incomodar (hiperresponsividade tátil).

- *Hiporresponsividade:* Sensibilidade reduzida – pessoas que apresentam baixa responsividade sensorial, que tem pouca resposta aos estímulos comuns. Exemplos: não respondem a sons muito altos ou necessitam de muito estímulo para demonstrar alguma resposta (hiporresponsividade auditiva).

As crianças hiporresponsivas requerem mais estimulação para evocar respostas, ou seja, a hiporresponsividade está associada com poucas respostas aos estímulos recebidos, ao contrário das crianças hiperresponsivas que respondem muito a poucos estímulos, enquanto a busca sensorial está relacionada a busca de experiências de maneira intensa e, algumas vezes, incomum.

Dentro de todo esse processo sensorial, Greenspan (2000) considera importante destacar que quando a criança está captando informações por meio de seus sentidos, ela também está experimentando simultaneamente uma reação emocional a essas visões, sons, toques, cheiros e gostos que lhe são proporcionados. Ou seja, cada vez que a criança capta uma informação por meio de seus sentidos, a experiência é duplamente codificada tanto como uma reação física/cognitiva quanto uma reação emocional àquelas sensações. Na medida em que essa criança desenvolve uma rica rede de conexões neuronais relacionadas com as imagens, os sons, o paladar, o olfato e o tato, se torna mais bem equipada para enfrentar as demandas do ambiente.

O modo como as informações são absorvidas e interpretadas é particular a cada um. A forma como a informação é recebida por meio dos sentidos, organizada e transformada em respostas ao ambiente é chamada de processamento sensorial. Quando os processos sensoriais não funcionam corretamente, a experiência sensorial acontece de maneira distorcida. Crianças com autismo podem, de fato, ter sua experiência sensorial do mundo bem diferente daquela de outras pessoas. Caminha (2013, p. 11) destaca que

> O termo processamento sensorial refere-se à habilidade de receber informações através dos sete sentidos (tato, olfato, paladar, visão, audição, propriocepção e vestibular), organizar e interpretar essas informações sensoriais, transformando-as em respostas significativas. Para a maioria das pessoas esse é um processo automático. Pessoas com problemas de processamento sensorial, entretanto, não experienciam esse processo da mesma maneira. Nesses casos o cérebro não organiza ou processa o fluxo de impulsos sensoriais de forma a dar ao sujeito uma informação precisa sobre ele próprio ou sobre o mundo. Quando o cérebro não processa o input sensorial de forma adequada, geralmente ele também não direciona o comportamento de forma efetiva. O resultado é uma dificuldade em lidar com informações sensoriais do dia a dia, como o toque de uma roupa com textura diferente, o

som alto de uma televisão ou até o movimento do carro. Essas pessoas podem sentir-se bombardeadas de informações ou podem nem perceber grande parte dos estímulos sensoriais. Podem ainda buscar experiências sensoriais intensas e até apresentar problemas sensório motores. Um ou mais sentidos podem ser afetados, o que faz com que se relacionem com o mundo de forma atípica, como acontece no caso do autismo.

Muitas vezes, o comportamento das crianças com autismo torna-se desorganizado por conta da dificuldade em modular (regular e organizar a altura, intensidade, frequência) os estímulos sensoriais. A desorganização pode ocorrer por várias razões, pela dificuldade em se concentrar nos estímulos recebidos, de integrar os estímulos recebidos por várias fontes ou por uma falha no processamento das informações recebidas.

Em alguns relatos de pessoas no espectro, dificuldades sensoriais são frequentemente descritas como principais causadoras dos comprometimentos sociais e de comunicação do autismo. Temple Grandin, autista, Ph.D. em Zootecnia e professora de ciência animal na Colorado State University, chama atenção há mais de 20 anos para os problemas sensoriais nas pessoas com autismo. Ela enfatiza que não se trata de ter ou não problemas sensoriais, mas sim em que grau.

Considero que os relatos pessoais são uma fonte extremamente valiosa, tanto pela informação que contém, mas, principalmente, por ouvir de quem sente e vive. Grandin (2015), em um de seus livros destaca que é por meio dos sentidos que nos comunicamos com o universo ao nosso redor. Sendo assim, nossos sentidos definem a realidade para cada um de nós. Se seus sentidos funcionam de maneira apropriada, você imagina que sua realidade sensorial é muito parecida com a realidade sensorial das outras pessoas, cujos sentidos funcionam adequadamente.

> Mas, e quando seus sentidos não funcionam normalmente? [...] refiro-me ao cérebro. E se você receber a mesma informação sensorial que os outros, mas seu cérebro interpretá-la de um modo diferente? Então, sua experiência do mundo ao redor será a experiência dos outros, mas talvez de um modo doloroso. Neste caso, você vive literalmente em uma realidade alternativa – uma realidade *sensorialmente* alternativa. (GRANDIN, 2015, p. 78)

A maior parte das experiências sensoriais que recebemos são sensações múltiplas que chegam por meio de diferentes canais sensoriais. A percepção das sensações não acontece separadamente. Por exemplo, ao ver uma pessoa dançando não percebemos o estímulo visual separado do estímulo auditivo, a informação é recebida de maneira integrada. Nesse caso, integramos o som à imagem da pessoa dançando.

Jean Ayres, neurocientista e terapeuta ocupacional, foi a primeira a explorar a relação do processamento sensorial com o comportamento de crianças com dificuldades de aprendizagem, problemas emocionais e transtornos do desenvolvimento. Segundo a teoria da autora, um processamento sensorial comprometido resultaria em diversos problemas funcionais, os quais ela nomeou de *Disfunção da Integração Sensorial*. Para Ayres (2005), grande parte da capacidade de aprendizagem da criança está relacionada à sua habilidade de integrar informações sensoriais. Ela destaca que a estimulação sensorial e a atividade motora durante a infância moldam as interconexões neuronais para formar processos sensoriais e motores que permaneçam relativamente estáveis ao longo da vida. Essa habilidade de integração sensorial parece ter um papel fundamental na interação social.

Os sentidos são essenciais nas interações sociais, portanto, caso não funcionem de maneira apropriada, podem causar danos na interação de uma pessoa com os outros e com o mundo. Caminha (2013, p. 16) destaca que "pessoas com prejuízos sensoriais podem não perceber pedaços de informações críticos para aprender a interagir com o mundo. Desse modo, as habilidades de atenção, engajamento e comunicação podem ficar comprometidas". A partir de tais colocações, como contribuir com a promoção da interação social de crianças que apresentam dificuldades para tolerar as informações sensoriais presentes no ambiente escolar?

1.1.3 Aspectos motores no autismo

Embora se saiba que as pessoas com diagnóstico de TEA apresentem comprometimentos em relação aos aspectos motores, existem poucos trabalhos na literatura sobre essa temática. Apesar de ser uma característica comum, as alterações motoras não se constituem como um marcador de diagnóstico específico para o TEA. Whitman (2015) e Bras (2009) apresentam um estudo focado especificamente nesse aspecto. De acordo com Whitman (2015, p. 61),

> Os comportamentos motores, particularmente os atos intencionais, envolvem o planejamento motor, um processo que requer atenção e esforço conscientes. Da mesma forma, a aprendizagem motora envolve uma fase de prática, na qual o

feedback é usado para direcionar o desempenho. Problemas motores são frequentemente observados em crianças com autismo. Embora as capacidades motoras finas sejam mais afetadas que as capacidades motoras grossas, problemas em ambas as áreas são observados com frequência.

Déficits motores comuns nas crianças com TEA incluem: o baixo tônus muscular; o controle postural – muitas vezes as crianças sentam em W, por exemplo, para organizar a postura por conta de sua baixa tonicidade muscular; dificuldade de acompanhamento visual e fixação do olhar; desafios com equilíbrio, imitação, iniciação, planejamento, sequenciamente, execução e adaptação motora; em alguns casos, dificuldades com a fala; dispraxia; e apraxia. Whitman (2015, p. 64) destaca que a

> [...] dispraxia, ou disfunção motora prática, refere-se a problemas na formulação de um objetivo, em descobrir como concretizá-lo (planejamento motor) e a execução real da ação, etapas que têm obviamente um forte componente cognitivo e motor. Crianças com dispraxia têm dificuldade para aprender novas tarefas. Elas precisam de esforço e repetição consideráveis para atingirem um nível específico de competência.

A postura corporal das crianças com TEA também é outro ponto que merece relevância. Muitas vezes é comum vermos as crianças se sentarem em W, ou seja, quando a criança se senta no chão de modo que ambas as pernas ficam para trás sustentando o corpo em formato de W. Essa postura está relacionada a baixa tonicidade muscular. De acordo com Greenspan (2000, p. 73), o tônus muscular é

> [...] o equilíbrio entre os músculos flexores e extensores de uma pessoa. Os flexores são os músculos que nós usamos para dobrar nossos joelhos e curvar nosso corpo. Os músculos flexores puxam nossos pescoços para frente. Os músculos extensores nos ajudam a nos mantermos eretos e nos permitem arquear nossas costas e espreguiçar. Todo ser humano tem um tônus particular em seus músculos e, quando adultos, nós já fizemos há muito ajustamentos na maneira como nos movemos.

Para manter a atenção na atividade as crianças mantêm essa postura. De acordo com Louro (2012) sem a tonicidade não haveria atenção ou possibilidade de aprendizagem. Dessa forma, muitas vezes a baixa tonicidade muscular é um fator que também dificulta o fato da criança com diagnóstico de TEA manter a atenção.

Os impactos do comprometimento motor no desenvolvimento infantil são diversos. Whitman (2015, p. 66) destaca que uma das possibilidades para surgimento dessas dificuldades pode estar relacionada aos problemas sensoriais. Segundo ele, inicialmente os problemas sensoriais existentes nas crianças com TEA causam grande estresse no bebê o que, por sua vez, pode levar ao comprometimento motor. "Os problemas motores, por conseguinte, limitam a disponibilidade dos recursos de enfrentamento motor disponíveis para lidar com o estresse, o que então exacerba ainda mais seus déficits sensoriais e motores". Com base nisso, é possível compreender que as dificuldades sensório-motoras nas crianças com TEA podem impactar em outras áreas como, por exemplo, nas brincadeiras, interação social, comunicação, comportamentos e execução de atividades. Os aspectos motores também exercem uma função crítica no desenvolvimento social por sua influência sobre a aquisição da fala e de habilidades de comunicação baseadas no sistema motor e em comportamentos sociais.

O sistema motor exerce um papel importante na regulação do sistema emocional da criança, se, por conta de algum comprometimento, a pessoa não consegue mostrar que seu pensamento está intacto devido às dificuldades do sistema motor que bloqueiam a fala, a escrita, gestos, expressões faciais, início de ações etc., ou seja, a intencionalidade é comprometida e tudo isso impacta diretamente os aspectos emocionais. De acordo com Fonseca (2008, p. 117)

> [...] qualquer ato, para ser realizado, necessita de um plano e de uma programação preestabelecidos. Só assim se poderá falar em gesto auto-regulado, voluntário e consciente. Em outras palavras, pode-se dizer que toda a ação intencional necessita de uma planificação motora prévia e antecipada (de certa forma, expressão sinônima de psicomotricidade) que a guia para uma execução programada.

Crianças com maiores habilidades motoras vivenciam seu ambiente de modo diferente daquelas com menos habilidades motoras. Um bebê com habilidades mais avançadas, por exemplo, explora de modo mais completo e entra em maior contato com o ambiente. Fonseca (2008, p. 15) destaca que "ao contrário de muitas outras espécies vertebradas, o bebê humano não dispõe, ao nascer, de um repertório motor adaptativo mínimo, não responde em termos de motricidade às suas próprias necessidades primarias".

No bebê o sistema motor é o que exerce a primeira estrutura de relação com o meio, com os outros e com os objetos. As primeiras interações do bebê com o ambiente podem ser consideradas essencialmente motoras. A partir das primeiras explorações motoras, a criança descobre-se a si própria e, simultaneamente, descobre o mundo à sua volta. É por meio do sistema motor que a criança exprime as suas necessidades iniciais de alimentação, bem-estar ou mal-estar, que contêm em si uma dimensão afetiva e interativa que se traduz em comunicação não-verbal, muito antes do surgimento da linguagem verbal propriamente dita.

Dessa forma, a investigação no domínio motor apresenta-se fundamental, uma vez que os défices motores são impactantes na qualidade de vida e podem ampliar o leque de comprometimentos no autismo, limitando a participação das crianças com esse comprometimento nas atividades físicas ou motoras escolares ou comunitárias, por exemplo, ou comprometendo diretamente os níveis de autonomia e independência da criança com TEA, refletindo-se necessariamente em sua qualidade de vida e de suas famílias.

1.1.4 Intervenções utilizadas no Transtorno do Espectro Autista

Na intervenção com crianças diagnosticadas com TEA, duas concepções se destacam: comportamental e desenvolvimentista. Partindo de perspectivas diferentes, ambas buscam trabalhar principalmente as dificuldades centrais no transtorno.

A linha **comportamental** mostra a aplicação sistemática e intensiva de métodos de condicionamento operante, enquanto propõe o ensino de técnicas para lidar com problemas comportamentais em um ambiente estruturado. Precursor desse modelo, o psicólogo Ivar Lovaas, deu início à prática com crianças com autismo na década de 1960, sendo hoje o método mais comumente utilizado na intervenção com crianças com TEA. A abordagem, mais conhecida como ABA (*Applied Behavior Analysis*), é baseada no *behaviorismo* do psicólogo norte-americano Skinner (1904-1990), estímulo/resposta, que considera a aprendizagem como uma forma de condicionamento.

A *análise comportamental aplicada*, que é um termo advindo do campo científico do *behaviorismo* (behavior = comportamento), observa, analisa e explica a associação entre o ambiente, o comportamento humano e a aprendizagem. De acordo com Papalia, Olds e Feldman (2006, p. 72), os behavioristas

> [...] sustentam que os seres humanos em todas as idades aprendem sobre o mundo da mesma forma que outros organismos: reagindo a condições ou a aspectos de seu ambiente que acham agradáveis, dolorosos ou ameaçadores. Os behavioristas procuram eventos que determinem se um determinado comportamento irá ou não se repetir. A pesquisa comportamental concentra-se na *aprendizagem associativa*, na qual se forma uma ligação mental entre dois fatos.

Ainda segundo as autoras, nesse processo existem dois tipos de aprendizagem associativa que são o *condicionamento clássico* e o *condicionamento operante*. Na primeira, uma pessoa ou animal aprende uma resposta reflexiva a um estímulo que inicialmente não a provocava, depois que o estímulo é associado a outro que *provoca* a resposta. Na segunda, o sujeito aprende com as consequências de *operar* sobre o ambiente. Nesse caso, no *reforço* são oferecidos estímulos positivos que aumentam a probabilidade de que o comportamento volte a acontecer, enquanto na *punição* são oferecidos estímulos negativos que diminuem a probabilidade de repetição.

Durante o processo, as habilidades são ensinadas geralmente em uma situação hierárquica adulto-criança, via apresentação de uma instrução ou dica em busca da obtenção de uma resposta. As atividades são repetidas diversas vezes, até que a criança demonstre sem erros que conseguiu assimilar. Os comportamentos apresentados pela criança são registrados de forma que se possa avaliar o seu progresso.

De maneira geral, a terapia comportamental é uma forma de condicionamento operante utilizada para eliminar comportamentos indesejáveis e/ou promover comportamentos positivos.

O sistema Teacch (tratamento e educação de crianças autistas e com desvantagens na comunicação) também é de natureza cognitivo-comportamental e foi desenvolvido especificamente para um trabalho com crianças com TEA. Seu objetivo principal é contribuir para que possam viver ou trabalhar de forma mais autônoma possível. Criado na década de 1970 por Eric Shopler e seus colaboradores nos Estados Unidos, o objetivo inicial era ensinar às famílias algumas técnicas comportamentais e métodos de Educação Especial que fossem de encontro às necessidades de suas crianças.

> [...] a dinâmica funcional deste modelo assenta no fornecimento de padrões de referência a estas crianças. Estes padrões são garantidos por uma estruturação da sala, que,

> por sua vez, é garantida por estruturas visuais, pois faz-se muito recurso à imagem (CORREIA, 2011, p. 44)

O modelo consiste em um sistema de organização do espaço, do tempo, dos materiais e das atividades para facilitar os processos de aprendizagem e de autonomia das crianças. O ensino estruturado é organizado de acordo com uma estrutura física; horários; sistemas de trabalho e estrutura; e informações visuais. O programa atua com o condicionamento, no qual o sucesso ou o fracasso são reforçados ou inibidos com recompensas ou reprovações.

Posteriormente a intervenção comportamental, que focava apenas no comportamento da pessoa com TEA, Stanley Greenspan enfatizou a necessidade de um ambiente natural, não controlado, nas intervenções com crianças com autismo, apresentando a intervenção **desenvolvimentista** como uma nova alternativa. Além disso, propôs que o papel do adulto seria participar das atividades iniciadas pela criança, a fim de atraí-la para expandir interações sempre utilizando o brincar para guiar o processo. Essa perspectiva, respeitosa e lúdica, que conduziu meu olhar para temática discutida, alterna o foco antes centrado no comportamento "problemático" da criança com autismo para a retomada da sequência do desenvolvimento típico inicial, buscando reverter ou minimizar as dificuldades encontradas pelas crianças.

As abordagens desenvolvimentistas têm como característica central procurar compreender as peculiaridades e desvios do desenvolvimento da criança com TEA a partir do desenvolvimento típico, pois se acredita que, prejuízos nos primeiros anos de vida dessas crianças, acabam ocasionando prejuízos nos anos seguintes (FIORE-CORREIA; LAMPREIA, 2012). Lampreia (2007, p. 112) destaca que os modelos dessa linha

> [...] enfocam as diferentes áreas deficitárias da criança autista. Eles não se restringem apenas ao treinamento de comportamentos ausentes de seu repertório, mas procuram desenvolver primeiro os seus precursores em situações naturais ótimas para a criança autista. Em outras palavras, esses modelos procuram criar as condições de desenvolvimento que crianças com desenvolvimento típico encontram naturalmente, adequando-as às peculiaridades encontradas no autismo.

Como visto, os modelos de base desenvolvimentistas (DIR/Floortime e Son-Rise) seguem uma linha diferente da utilizada no comportamental. Nos anos 1980, Stanley Greenspan (professor clínico, psiquiatra e pediatra) e Serena Wieder (psicóloga) unificaram conhecimentos de vários estudos relacionados ao desenvolvimento infantil, reconhecendo a importância dos relacionamentos e afeto para o aprendizado. O modelo *DIR/Floortime* surgiu, oposto aos métodos comportamentais que seguem a perspectiva *behaviorista*, a partir da corrente teórica sócio-construtivista.

No modelo DIR (*Developmental, Individual-difference, Relationship-based Model*), o **D** leva a compreensão do estágio emocional e cognitivo do desenvolvimento em que a criança se encontra; o **I** se refere às diferenças individuais, mostrando que cada criança tem uma maneira particular de perceber o mundo, um modo único de processar as informações sensoriais (sons, toques, cheiros, movimento etc.) e isso dirá sobre o comportamento da criança, seu modo de se relacionar, agir e pensar; enquanto o **R** destaca a importância das relações, principalmente com os familiares.

É um modelo dialógico, que compreende a criança de modo respeitoso considerando suas necessidades específicas. No cerne de sua estrutura considera os sentimentos da criança; suas relações emocionais e sociais; o nível de desenvolvimento em que se encontra; as diferenças individuais; a forma como a criança processa e responde ao mundo sensorial. É um modelo que, em trabalho conjunto com a família, vai focar nas questões emocionais e interacionais da criança, utilizando seus interesses para construir e expandir a partir do brincar.

Lampreia (2007, p.109) destaca que o modelo DIR

> [...] tem como objetivo principal permitir que a criança forme um sentido de si como indivíduo intencional, interativo e desenvolva capacidades lingüísticas e sociais. Ele considera habilidades de desenvolvimento tais como atenção e foco, engajamento e relacionamento social, gesto não verbal, afeto, resolução de problemas, comunicação simbólica, pensamento abstrato e lógico. Essas habilidades são chamadas de processos emocionais funcionais por terem em sua base as interações emocionais iniciais. O tratamento visa ajudar a criança a estabelecer a seqüência de desenvolvimento que foi prejudicada e ajudá-la a tornar-se mais intencional e afetivamente conectada.

A intencionalidade é um aspecto chave no modelo, sendo assim, as ações das crianças são validadas e conduzem as trocas interativas, sendo o envolvimento afetivo grande componente nesse processo. A partir de uma observação dos interesses e intenções, a pessoa mais experiente da interação segue a liderança da criança e constrói pontes que favorecem a troca interativa, visando manter o engajamento e expandir habilidades cognitivas, sócio-comunicacionais, sensório-motoras, de resolução de problemas, simbólicas etc.

O Programa Son-Rise também é de base desenvolvimentista e teve início nos anos 1970, quando o casal Barry e Samahira Kaufman, fundadores do programa, deram início a um trabalho intensivo de experimentação com seu filho que tinha recebido o diagnóstico dos médicos junto às indicações de que seu caso não apresentaria avanços. A intervenção consiste em um método aplicado pelas famílias, que atuam diretamente com as crianças utilizando a casa como o ambiente mais propício para ajudá-las. De acordo com a perspectiva do programa, é um trabalho voltado para imitação de comportamentos da criança para atrair sua atenção e ampliar a conexão. A ideia é *ir até o mundo da criança*, possibilitando engajamento entre ela e o parceiro de interação. O objetivo é fazer com que a pessoa com autismo participe ativamente em interações divertidas, espontâneas e dinâmicas com familiares, outros adultos e crianças. O programa trabalha de maneira lúdica, com ênfase na diversão, os facilitadores e familiares seguem o interesse da criança e oferecem atividades motivadoras, para que a criança participe voluntariamente (GONÇALVES, 2011).

Embora a abordagem desenvolvimentista seja pouco disseminada no Brasil na intervenção com crianças com TEA e intervenções comportamentais de base *behaviorista* estejam com maior propagação, nos Estados Unidos e na Inglaterra, a abordagem desenvolvimentista tem sido o grande foco da intervenção com crianças autistas na atualidade (GREENSPAN; WIEDER, 2006). No Brasil, alguns estudos, no entanto, trazem material bibliográfico sobre intervenções desenvolvimentistas com crianças com TEA (CAMINHA, 2008; LAMPREIA, 2007; SOLOMON, 2013).

Atualmente, outra intervenção em destaque é a integração sensorial, que destaca a existência de diferenças individuais na forma como cada pessoa processa e responde a experiências sensoriais. Como destacado anteriormente, as pessoas com autismo podem apresentar dificuldades sensoriais, isso implica respostas incomuns simplesmente por não processarem de forma correta um determinado estímulo.

Jean Ayres desenvolveu a teoria da integração sensorial. O programa de estimulação consiste em trabalhar a criança com autismo de forma integral, não adequando somente o espaço e a rotina, mas sim visando proporcionar a cada uma, alternativas de adaptações ao ambiente em que estão inseridas. De acordo com Schwartzman e Araújo (2011, p. 299),

> Ayres destacou três importantes aspectos relacionados ao processamento sensorial ineficiente observado na criança com TEA. O primeiro indica que estímulos sensoriais não são registrados adequadamente. O segundo, que os estímulos percebidos não são modulados de forma correta pelo SNC, principalmente no que diz respeito aos estímulos vestibular e tátil. O terceiro indica inabilidade em integrar as muitas sensações do ambiente e, consequentemente, falha na percepção espacial e dificuldade de relacionamento com o ambiente.

Quando o processo de integração sensorial não acontece de maneira organizada, podem ser identificados vários problemas de aprendizagem, desenvolvimento ou comportamento. A terapia de integração sensorial tem como objetivo principal facilitar o desenvolvimento das habilidades do sistema nervoso para que ele consiga processar os estímulos apropriadamente. Essa terapia caracteriza-se por permitir que a criança explore os estímulos sensoriais de forma lúdica e integrada; oferecer acomodações sensoriais e adaptações; e buscar equilibrar o sistema sensorial da pessoa com dificuldades sensoriais.

Além do que vimos acima, na intervenção com pessoas com TEA, a *Comunicação Alternativa e Ampliada* (CAA) também é comumente utilizada. Com foco nas dificuldades comunicacionais observadas no autismo, a CAA é uma área da prática clínica e educacional que tem por objetivo compensar os prejuízos da comunicação expressiva e receptiva de maneira temporária ou permanente. Nunes (2013, p. 148) destaca que

> [...] a CAA envolve o uso de gestos manuais, expressões faciais e corporais, símbolos gráficos (fotografias, gravuras, desenhos, linguagem alfabética, objetos reais e miniaturas), voz digitalizada ou sintetizada, dentre outros meios de efetuar a comunicação face a face de pessoas que apresentam limitações no uso e/ou compreensão da linguagem oral.

Ou seja, ela contempla uma ampla diversidade de procedimentos que complementam ou substituem a linguagem oral comprometida ou ausente por meio do uso de recursos gráficos visuais e/ou gestuais.

A *comunicação ampliada* refere-se a todas as formas de expressão que possam complementar a fala, quando esta se encontra ininteligível ou não funcional, enquanto a *comunicação alternativa*, por outro lado, designa formas de expressão usadas para substituir a fala (NUNES, 2013). Considerando a grande dificuldade que as crianças com TEA apresentam para compreender as pistas sociais, ou seja, os déficits de comunicação e interação social, o terapeuta da comunicação deverá trabalhar não somente a fala, mas toda e qualquer forma de comunicação.

No trabalho com crianças com TEA um modelo amplamente conhecido que não se caracteriza como intervenção e sim como suporte comunicacional, oriundo dos Estados Unidos, é o *Sistema de comunicação por troca de imagens – Pecs*. Consiste em um sistema de comunicação realizado por meio da troca de figuras (símbolos), considerado bastante flexível pois pode ser aplicado em qualquer lugar. Inicialmente, a criança troca uma figura que representa o item que deseja, em uma fase posterior, a criança é ensinada a utilizar as figuras para construir frases.

O Pecs é um mecanismo utilizado com crianças não-verbais ou que se comunicam com um vocabulário oral muito restrito, tem como objetivo tornar perceptível para elas que por meio da comunicação é possível conseguir mais rapidamente o que desejam. Como o próprio nome deixa claro, não se trata de um modelo de intervenção propriamente dito, pois as crianças que utilizam Pecs necessitam de outros tipos de acompanhamentos terapêuticos, trata-se de um sistema que pode facilitar a comunicação das crianças com autismo.

Diversos modelos de intervenção com crianças com TEA são encontrados, entre eles intervenções ou sistemas de comunicação alternativa que, muitas vezes, são utilizados no espaço escolar. Todos buscam oferecer respostas às áreas que se encontram afetadas, minimizando os déficits e maximizando as competências existentes. Contudo, as diferentes abordagens devem ser adaptadas às diversas situações, pois cada caso é único. De acordo com minha ótica, a perspectiva do behaviorismo entende a pessoa como um ser passivo, manipulado e controlado pelo meio, aspecto que discordo inteiramente. Portanto, o presente livro é norteado a partir de uma perspectiva desenvolvimentista, que considera as diferenças individuais de cada um, percebe a criança como sujeito ativo de seu desenvolvimento, a maneira individual de interagir, ser e estar no mundo. Considero importante destacar os modelos de intervenção acima, por saber que podem estar presentes no espaço escolar oferecendo suporte tanto para as crianças quanto para a prática pedagógica quando existe a troca das/dos profissionais que atuam no contexto terapêutico com a equipe pedagógica. Acredito que, na intervenção com crianças com TEA é fundamental que haja uma perspectiva transdisciplinar que considere a complexidade e a profundidade das questões envolvidas, por esse fator a discussão a seguir aborda essa temática.

1.1.4.1 A importância do olhar Transdisciplinar

Diante da diversidade de áreas afetadas no desenvolvimento das crianças com TEA, é imprescindível que tenhamos um olhar mais amplo e complexo, não se detendo apenas aos saberes disciplinares nem a uma visão simplista de olhar o transtorno a partir de uma única perspectiva. Ligações entre as diferentes disciplinas precisam ser feitas frente à complexidade do autismo. Com base nisso, a contribuição da Transdisciplinaridade torna-se indispensável, pois, como destacado por Nicolescu (1996), o saber transdisciplinar não está preso às barreiras impostas pelas disciplinas, ele tem a capacidade de ultrapassá-las, está além delas e age na face que emerge da interação entre elas.

Até meados do século XX, a maioria das ciências obedecia ao princípio da redução, que limitava o conhecimento do todo ao conhecimento de suas partes. O princípio de redução leva, naturalmente, a restringir o complexo ao simples, considerando uma dimensão disciplinar e fragmentada do saber. Assim, aplica às complexidades vivas e humanas a lógica mecânica e determinista da máquina artificial. O paradigma cartesiano proposto por Descartes no século XVI separa o sujeito e o objeto em partes distintas e dicotômicas. De encontro a esse princípio, Morin (2007) destaca, em uma dimensão complexa, que é impossível conhecer as partes sem conhecer o todo, tampouco conhecer o todo sem conhecer as partes. Tanto no ser humano quanto nos outros seres vivos, existe a presença do todo no interior das partes, portanto não apenas não se poderia isolar uma parte do todo, mas as partes umas das outras. De acordo com o autor

> A inteligência parcelada, compartimentada mecanicista, disjuntiva e reducionista rompe o complexo do mundo em fragmentos disjuntos, fraciona os problemas, separa o que está unido, torna unidimensional o multidimensional. É uma inteligência míope que acaba por ser normalmente cega. Destrói no embrião as possibilidades de compreensão e de reflexão, reduz as possibilidades de julgamento corretivo ou da visão em longo prazo. (MORIN, 2007, p. 40)

Muito se ouve, se observa e se discute sobre Disciplinaridade, Multidisciplinaridade, Interdisciplinaridade e Transdisciplinaridade; e uma das questões que emerge ao se deparar com esses conceitos é estabelecer a diferença entre eles. A prática transdisciplinar é diferente da prática interdisciplinar ou multidisciplinar e mais ainda da prática disciplinar, que aborda o conceito das disciplinas isoladamente.

Nogueira (2001) destaca que na Multidisciplinaridade não há nenhuma relação entre as disciplinas, assim como todas estariam no mesmo nível sem um trabalho cooperativo. Complementando essa definição, é possível dizer que na Multidisciplinaridade as disciplinas estão perto, mas não juntas. A ideia é de justaposição (ALMEIDA FILHO, 1997). Na Multidisciplinaridade, recorremos a informações de várias matérias para estudar um determinado elemento, sem a preocupação de interligar as disciplinas entre si. Nesse caso, cada matéria contribui com suas informações pertinentes ao seu campo de conhecimento, sem que haja uma real integração entre elas; cada disciplina permanece com sua própria metodologia e não há um resultado integrado.

Na Interdisciplinaridade, há uma integração teórica e prática numa perspectiva da totalidade. De acordo com Frigoto (1995), ela se apresenta pela complexidade dessa realidade e seu caráter histórico e também como problema pelos limites do sujeito que busca construir o conhecimento de uma determinada realidade. Na interdisciplinaridade existe cooperação e diálogo entre as disciplinas, existe uma ação coordenada. Permanecem os interesses próprios de cada disciplina, porém buscam soluções dos seus próprios problemas por meio da articulação com as outras disciplinas.

A Transdisciplinaridade surge como uma proposta que apresenta vinculação à complexidade, ao pensamento complexo e epistêmico. Nesse sentido, Edgar Morin (2007, p. 125/6) nos diz que "precisamos pensar/repensar o saber, não sobre a base de uma pequena quantidade de conhecimentos como nos séculos XVII e XVIII, mas considerando o estado atual de dispersão, proliferação, parcelamento dos conhecimentos". Nesse modelo, as relações não são apenas de integração das diferentes disciplinas, vão muito além; não devem existir fronteiras entre áreas do conhecimento e a interação.

Na intervenção com pessoas com diagnóstico de TEA, é possível perceber a importância do diálogo entre diversos campos epistemológicos e a compreensão dos diversos níveis de realidade. O diálogo em que profissionais de diversas áreas possam trabalhar em busca de um mesmo fim: o desenvolvimento da pessoa, com um olhar para além das disciplinas e buscando ver o fio condutor que perpassa cada área de conhecimento, como o que é proposto pela Transdisciplinaridade quando esta conduz a uma atitude aberta entre diferentes áreas. Entendo que ao adentrarmos em cada processo que contribui para melhores condições de desenvolvimento, podemos ver, mais detalhadamente, a importância do diálogo entre diversos profissionais para os avanços das crianças. Para Morin, os fenômenos não são simples, eles são compostos por um emaranhado de informações e o pensamento complexo é profundo e interligado, ele se aproxima da realidade, seu grande desafio é poder estabelecer uma articulação entre os mais diversos campos de pesquisas e disciplinas.

Como visto acima, a Transdisciplinaridade busca uma convergência entre as ciências, diminuindo a distância teórica entre elas a partir de um trabalho harmonioso. Partindo dessa perspectiva, assim como o autismo, diversos fenômenos complexos podem ser melhor compreendidos por meio de uma colaboração entre conhecimentos de diferentes campos. O conceito de complexidade, de acordo com Morin, permite a partir de uma atitude inicial prever várias ações diferentes que podem e devem ser alteradas em função de novas informações ou reações. A complexidade considera que: 1) o todo vai além da soma das partes, pois existe a interação com o contexto e a reação dessa interação e 2) em contrapartida, em algumas situações o todo é menor que a soma das partes, isso acontece quando cada uma das partes não consegue atuar em seu pleno potencial. O pensamento complexo é essencialmente o pensamento que incorpora a incerteza e é capaz de conceber a organização. É um constante vai e vem entre certezas e incertezas, entre o elementar e o geral, entre o separável e o inseparável. De acordo com Schmidt (2013, p. 20-21),

> [...] no desenvolvimento humano os aspectos biológicos e interativos encontram-se intrinsecamente entrelaçados, não sendo mais bem explicados por apenas uma área, seja ela a medicina, seja a psicologia. Qualquer abordagem que considere apenas uma dessas influências pode ser considerada parcial e incompleta, sendo necessária a transdisciplinaridade como forma de integrá-las.

Conhecimentos diversos em diferentes áreas já foram produzidos sobre o autismo, estes não precisam ser divididos para a compreensão do todo, podem ser compartilhados e unificados.

> Um discurso compartilhado entre as diferentes disciplinas é que qualificaria o conhecimento de cada uma, mas, principalmente, contribuiria para a formação de um conhecimento

mais amplo que poderia ser aplicado na melhoria das condições de vida das pessoas com autismo (SCHMIDT, 2013, p. 21)

Além do diálogo entre profissionais que atuam para um melhor desenvolvimento da criança, faz-se necessário considerar a importância do ambiente familiar. Sendo assim, por ser uma desordem complexa do desenvolvimento, apenas uma área do conhecimento mostra-se insuficiente para se conhecer e se aprofundar nas questões. A partir das leituras e reflexões, percebo a necessidade de produção de conhecimento integrado entre esses diferentes campos epistemológicos, enriquecendo os debates e ampliando as possibilidades nos estudos sobre o autismo.

1.1.4.2 Intervenção Precoce

Como destacado anteriormente, o desenvolvimento humano acontece pelas transformações das estruturas do comportamento e do pensamento produzidas tanto por conta de influências biológicas quanto ambientais, essas transformações estão presentes no homem desde o seu nascimento.

Grande parte do desenvolvimento humano ocorre nos primeiros anos de vida por meio das relações e interações estabelecidas pelos sujeitos, ou seja, o desenvolvimento, principalmente da inteligência, depende das vivências com o mundo externo.

De acordo com Greenspan (2000, p. 12)

> As mesmas interações vitais que ajudam a construir uma mente saudável também levam ao desenvolvimento real das conexões neuronais do cérebro. O cérebro de uma criança cresce mais rapidamente nos primeiros três a quatro anos de vida, e atinge dois terços a três quartos do seu tamanho adulto durante esse período. Pesquisas recentes revelam que interações vitais com seus responsáveis literalmente despertam o cérebro de uma criança, preenchendo as amplas linhas gerais do seu contexto genético. Para exemplificar, seus sorrisos amorosos, sons e movimentos de ternura não apenas ensinam o seu bebê a ver, a ouvir e a amar; também estabelecem conexões entre os neurônios nas regiões do seu cérebro que apoiam a inteligência e as habilidades sociais. Seu toque suave não apenas estimula a capacidade do seu bebê de se sentir próximo a você e íntimo, mas também libera os hormônios do crescimento que permitem ao seu corpo e ao seu cérebro desenvolver-se.

A intervenção precoce no autismo tem se tornado possível em função da sua identificação cada vez mais cedo, a partir dos 18 meses de idade. Na medida em que o conhecimento científico sobre o autismo aumenta, crianças estão sendo diagnosticadas aos dois ou três anos. Em virtude da importância de se iniciar intervenções o quanto antes, é imprescindível diagnosticar o autismo o mais cedo possível. Atualmente, por conta do aumento no número de diagnósticos nos dois primeiros anos de vida, algumas intervenções precoces de base desenvolvimentista começaram a ganhar mais espaço visando reverter ou minimizar as dificuldades iniciais nos primeiros anos, para que estas não causem maiores comprometimentos no desenvolvimento dessas crianças (LAMPREIA, 2007).

Lampreia (2007), destaca os seguintes programas de intervenção precoce 1) *Social Communication, Emotional Regulation, Transactional Support (Scerts)* – (Comunicação Social, Regulação emocional, Suporte transicional); e 2) *Developmental, Individual-difference, Relationship-based Model (DIR)* – (modelo desenvolvimentista, de diferenças individuais, baseado no relacionamento). Os elementos comuns encontrados em ambos os programas foram o

> [...] currículo abrangendo cinco áreas de habilidades (prestar atenção a elementos do ambiente, imitação, compreensão e uso da linguagem, jogo apropriado com brinquedos e interação social), ambiente de ensino altamente favorecedor e estratégias para a generalização para ambientes naturais, programas estruturados e rotina, abordagem funcional para comportamentos considerados problemáticos, transição assistida para a pré-escola. (LAMPREIA, 2007, p. 105-106)

Citando ainda que os programas de intervenção precoce que seguem um enfoque desenvolvimentista têm como objetivo principal promover a linguagem pré-verbal (expressões, gestos, vocalizações) e verbal (fala) e as habilidades de comunicação funcional em contextos sociais naturais. Isso é feito por meio da validação da intencionalidade, da alternância de turno, da atenção compartilhada e das habilidades de iniciação.

É extremamente importante intervir cedo, nos anos iniciais, quando o cérebro ainda é altamente suscetível a novas conexões. Quanto mais cedo for a intervenção, maior o efeito na trajetória de vida da pessoa com autismo.

> É possível serem criados, por exemplo, programas para a redução de problemas sensoriais, melhoria do funcionamento motor, diminuição de dificuldades alimentares, abordagem a carências nutricionais, desenvolvimento da linguagem e

> promoção de comportamentos sociais. Se iniciados cedo, esforços de prevenção, às vezes, podem alterar significativamente a trajetória de desenvolvimento de uma criança autista. (WHITMAN, 2015, p. 39)

Um diagnóstico precoce permite que a intervenção seja realizada mais cedo, aumentando assim a probabilidade de ganhos na área em que a criança apresenta algum déficit. No entanto, como destaca Greenspan (2000, p. 12), é importante atentar para o fato de dispor às crianças tarefas emocionalmente significativas, pois, o autor destaca que quando crianças

> [...] estão envolvidas no aprendizado de tarefas emocionalmente significativas, as áreas de aprendizado de seus cérebros estão muito ativas, mas quando lhes são dadas tarefas repetitivas ou enfadonhas, assim como quando são sobrecarregadas com informação em demasia, esses mesmos centros de aprendizado não se encontram adequadamente ativos. Experiências estressantes podem levar certos circuitos a minar o desenvolvimento de uma mente e de um cérebro saudáveis.

De acordo com o estudo de Correia (2011), que apresenta a importância da intervenção precoce para crianças com TEA a partir da perspectiva de professores e professoras da educação especial, percebeu-se que a intervenção precoce é um meio de estimulação para o desenvolvimento da criança com TEA que favorece a inclusão escolar. A autora destaca que o grande desafio que se coloca às/aos profissionais de intervenção precoce é a necessidade de desenvolver uma intervenção de qualidade, que passa pela cooperação entre familiares, terapeutas e profissionais das escolas, pois a eficácia da intervenção resultará do esforço conjunto entre os diversos intervenientes (familiares, terapeutas, professores, professoras, mediadores, mediadoras etc.). Dessa forma, é importante o diálogo entre profissionais que atuam com a criança no contexto terapêutico e escolar.

1.2 O contexto social no desenvolvimento infantil

1.2.1 A interação no desenvolvimento a partir da perspectiva sócio-histórica

O mundo é constituído por pessoas, objetos, lugares e ações que têm significados construídos historicamente, cuja apropriação pelo sujeito se dá no contato social. Todo ser humano, como ser social, vive interagindo constantemente com o meio, sendo por meio dessas interações que os seres humanos se constituem como pessoas, construindo relações que servem de base para suas vidas.

O interesse pelas questões das relações sociais e as reflexões sobre sua importância para o comportamento dos seres humanos surgiu por volta do século XIX. Entre 1830 e 1930, pode-se constatar uma produção muito rica e variada de ideias com uma diversidade de materiais sobre as relações interpessoais. Com a chegada da Segunda Guerra Mundial, os estudos sobre a interação social praticamente sumiram da literatura, voltando a aparecer após seu término, com uma ênfase na relação mãe-criança (BOSA; CAMARGO, 2009; ARANHA, 1993). De acordo com Pedrosa e Carvalho (2005), por conta da centralidade dos primeiros estudos após a década de 1930 na interação entre pais/mães-filhos/filhas, grande parte dos pesquisadores considerava o relacionamento entre os pares como menos importantes. No entanto, na década de 1970, os interesses no estudo das relações sociais se ampliam.

A etimologia da palavra *interação social* traz a ideia de ação entre sujeitos. Concordo com Passerino (2005, p. 14) quando esta destaca que a interação social

> [...] é uma relação complexa que se constrói e que nela participam não somente os sujeitos envolvidos mas todo o contexto sócio-cultural ao qual pertencem, sendo evidenciada principalmente pela linguagem, pelo uso de ferramentas, pelas ações dos sujeitos e pelas significações atribuídas a todos esses elementos pelos participantes, e que constituem a intersubjetividade do contexto interacional.

Sendo assim, os principais pontos que a caracterizam são: a existência de pelo menos dois sujeitos para estabelecer a interação; percepção do contexto; ação de um participante orientada ao outro (bidirecionalidade);

meio cultural compartilhado; instrumentos ou meios de comunicação (sendo o principal a linguagem).

Interação social e comunicação são dois conceitos que se encontram extremamente associados. Vigotski (2010, p. 12) destaca que

> Para se comunicar alguma vivência ou algum conteúdo da consciência a outra pessoa não há outro caminho a não ser a inserção desse conteúdo numa determinada classe, em um grupo de fenômenos, e isto, como sabemos, requer necessariamente generalização. Verifica-se, desse modo, que a comunicação pressupõe necessariamente generalização e desenvolvimento do significado da palavra, ou seja, a generalização se torna possível se há desenvolvimento da comunicação. Assim, as formas superiores de comunicação psicológica inerentes ao homem, só são possíveis porque, no pensamento, o homem reflete a realidade de modo generalizado.

Para que a comunicação possa existir, é necessário a existência de códigos compartilhados socialmente, com significados e normas. Nesse contexto, Vigotski (2010) destaca a existência da linguagem, que é um meio de comunicação social, de enunciação e compreensão. De acordo com Scheuer (2002, p. 53), "a linguagem mostra-se por uma clara ligação entre gestos, palavra, sintaxe e a intenção comunicativa ou o desejo e o querer transmitir a uma ou a várias pessoas uma mensagem".

A linguagem é um mecanismo de "[...] elaboração e partilha de significações num contexto com sentido" (MARC; PICARD, 2000, p. 15), ou seja, trata-se de um sistema complexo e dinâmico de símbolos, usado para o homem se comunicar e pensar. Logo, os sujeitos envolvidos na comunicação atribuem significados, interpretam, constroem e reconstroem mensagens em um contexto social dinâmico, que sofre constantemente alterações de acordo com as percepções e interpretações de cada um dos envolvidos.

> O sentido de uma mensagem surge dentro de um contexto (local e particular) e altera-se ao se deslocar de uma pessoa para outra influenciando o seu contexto particular e criando um contexto público e compartilhado pelos participantes. [...] vemos, então, que a comunicação não pode ser pensada como um processo linear, mas interativo e intersubjetivo que envolve não somente a linguagem, como veículo de comunicação, mas como ferramenta de construção de significados, caracterizando o processo de comunicação como um

> fenômeno relacional, constituindo uma realidade sistêmica única em que os sujeitos estão ativamente envolvidos e que contém sua dinâmica própria e regras específicas (implícitas ou explicitas) das quais nenhum dos sujeitos tem o domínio completo. (PASSERINO, 2005, p. 20)

Na teoria histórico-cultural, também conhecida como sócio-histórica ou abordagem sociointeracionista elaborada por Vigotski, o objetivo principal é caracterizar os aspectos tipicamente humanos do comportamento, construir hipóteses de como essas características se formaram no decorrer da história humana e como se desenvolvem na vida de um indivíduo.

A psicologia histórico-cultural traz consigo a ideia de que todo ser humano se forma como tal a partir das relações que estabelece com os outros. Nessa concepção, participam das interações não apenas os sujeitos envolvidos, mas todo o contexto sociocultural ao qual pertencem. Esse princípio de desenvolvimento é reconhecido como um processo complexo e dialético de relações que se tecem entre o meio social e as bases biológicas; e que promovem o desenvolvimento cognitivo e social dos sujeitos em interação (PASSERINO, 2005; VIGOTSKI, 2007; MARTINS, 1997; REGO, 1995; MOLL, 1996).

Nessa ótica, parte-se do pressuposto que "o sujeito interage ativamente com o meio e que este modifica aquele em função de sua ação" (SOARES, 2006, p. 2). Logo, o processo de interação social se dá no contínuo intercâmbio de significados entre o sujeito e os outros.

Vigotski atribui um importante papel à interação social. Para ele, o desenvolvimento intelectual das crianças ocorre mediado pelas interações sociais, no qual duas linhas se cruzam: o desenvolvimento biológico e o desenvolvimento cultural. Em sua teoria, Vigotski (2007) buscou identificar de que maneira as características tipicamente humanas, que ele nomeou de Processos Psicológicos Superiores, se desenvolvem durante a vida de um indivíduo, levando em conta a interação social como fundamental nesse processo de formação. Rego (1995, p. 39) destaca que

> [...] estes processos não são inatos, eles se originam nas relações entre indivíduos humanos e se desenvolvem ao longo do processo de internalização de formas culturais de comportamento. Diferem, portanto, dos processos psicológicos elementares (presentes na criança pequena e nos animais), tais como, reações automáticas, ações reflexas e associações simples, que são de origem biológica.

Vigotski (2007) afirma que as características tipicamente humanas resultam da interação do indivíduo com o meio sociocultural. Ao mesmo tempo em que o ser humano transforma o seu meio para atender suas necessidades, também passa por transformações. Segundo ele, é no contato com os membros da cultura de seu grupo social que o bebê, sujeito biológico, transforma-se aos poucos em sujeito histórico-cultural, cuja interação com o mundo será indireta, mediada por sistemas de símbolos característicos especificamente de processos psicológicos superiores, ou seja, aqueles tipicamente humanos.

Entre os estudos realizados, Vigotski (1997) investigou também o desenvolvimento da criança com deficiência. Quando aborda a defectologia o teórico se opõe a formação de grupos homogêneos e defende a não segregação dos alunos com necessidades específicas, considerando que as interações sociais entre grupos heterogêneos são condições fundamentais para o desenvolvimento do pensamento e da linguagem. Diante dessa perspectiva, novas possibilidades se abrem aos professores e às professoras quando estes entendem que a deficiência é uma potência, uma grande força e atitudes.

A criança vai, gradativamente, apropriando-se da cultura, nas suas relações com os objetos e com o outro. Ou seja, por meio das interações estabelecidas pelas crianças com outras pessoas e com o mundo, elas estão constantemente significando e se apropriando dos conceitos e da linguagem utilizada pelo grupo social do qual fazem parte. Nesse contexto, sabendo que o desenvolvimento humano é constituído pelas e nas relações interpessoais, os instrumentos simbólicos ganham importância.

Um importante conceito apresentado por Vigotski é o de mediação, no qual o teórico defende que a relação do homem com o mundo é mediada por signos e instrumentos. O sistema de signos (a linguagem, a escrita, os números), da mesma forma que os instrumentos (objetos, materiais), são criados pelas sociedades e influenciam diretamente a dinâmica social e o nível de seu desenvolvimento cultural. Enquanto o signo constitui uma atividade interna dirigida para o controle do próprio sujeito, o instrumento é orientado externamente, para o controle da natureza. De acordo com Vigotski (2007), a internalização dos sistemas de signos produzidos culturalmente provoca transformações comportamentais e estabelece uma ligação entre as formas iniciais e tardias do desenvolvimento individual. Assim, para ele, o mecanismo de mudança individual ao longo do desenvolvimento tem sua origem na sociedade e na cultura.

A mediação cultural é também um conceito importante nessa teoria. De acordo com Vigotski, consiste na noção de que os indivíduos vivem em um ambiente modificado pelos artefatos das gerações anteriores. "A função básica desses artefatos é coordenar os seres humanos com o mundo físico e uns com os outros" (MOLL, 1996, p. 87). A mediação, então, é uma característica da cognição humana, que se refere à internalização de atividades e comportamentos sócio-históricos e culturais, ela inclui o uso de ferramentas e de signos dentro de um contexto social.

Os signos e as palavras constituem para as crianças um meio de contato social com outras pessoas. Os usos de instrumentos e signos estão diretamente ligados, mesmo que separados, no desenvolvimento cultural da criança, porém há uma diferença essencial entre ambos que

> [...] consiste nas diferentes maneiras com que eles orientam o comportamento humano. A função do instrumento é servir como um condutor da influência humana sobre o objeto da atividade; ele é orientado *externamente;* deve necessariamente levar a mudanças nos objetos. Constitui um meio pelo qual a atividade humana externa é dirigida para o controle e domínio da natureza. O signo, por outro lado, não modifica em nada o objeto da operação psicológica. Constitui um meio da atividade interna dirigido para o controle do próprio indivíduo; o signo é orientado *internamente*. Essas atividades são tão diferentes uma da outra, que a natureza dos meios por elas utilizados não pode ser a mesma. (VIGOTSKI, 2007, p. 55)

Contudo ambos (signos e instrumentos) podem ser incluídos na mesma categoria, pois a função mediadora os caracteriza. Quando os signos externos se transformam em signos internos, ocorre o processo de *internalização*, que consiste em uma série de transformações, são elas:

> 1) uma operação que inicialmente representa uma atividade externa é reconstruída e começa a ocorrer internamente. [...];
> 2) Um processo interpessoal é transformado num processo intrapessoal. [...] primeiro, entre pessoas (interpsicológica), e, depois, no interior da criança (intrapsicológica); 3) A transformação de um processo interpessoal num processo intrapessoal é o resultado de uma longa série de eventos ocorridos ao longo do desenvolvimento. (VIGOTSKI, 2007, p. 57/ 58)

Desse modo, a internalização acontece *de fora para dentro* e, nesse aspecto, Smolka (2000) sugere o uso do termo *apropriação* como sinônimo, que carrega não apenas a ideia de transferência, mas de transformação e de significação. Para ela, a internalização é um "processo de desenvolvimento e aprendizagem humana como incorporação da cultura, como domínio de modos culturais de agir, pensar, de se relacionar com outros, consigo mesmo e que aparece como contrário a uma perspectiva naturalista ou inatista" (SMOLKA, 2000, p. 27/28). O uso de instrumentos possibilita o desenvolvimento dos processos psicológicos superiores em um processo que passa do social (inter) para o individual (intra) pela internalização. É de fundamental importância compreender a questão da mediação dentro desse processo, justo porque é por meio dela que as funções psicológicas superiores, especificamente humanas, se desenvolvem.

Sabemos que é a cultura que oferece os instrumentos para organizar e compreender nosso mundo de forma comunicável. No entanto, os indivíduos não são meros reflexos da cultura, pois interagem com ela e são produtos também de suas histórias.

Outro conceito central na teoria histórico-cultural apresentado por Vigotski é o de *zona de desenvolvimento próximal* (ZDP), em que ocorre os processos psicológicos superiores. Segundo o autor, existem dois tipos de desenvolvimento do indivíduo, o primeiro denominado de *Nível de Desenvolvimento Real* é o que o sujeito conhece e domina, e o segundo é a *Zona de Desenvolvimento Proximal* que é definida como potencial que o sujeito pode vir a desenvolver, ou seja,

> [...] é a distância entre o nível de desenvolvimento real que se costuma determinar através da solução independente de problemas, e o nível de desenvolvimento potencial, determinado através da solução de problemas sob a orientação de um adulto ou em colaboração com companheiros mais capazes. (VIGOSTKI, 2007, p. 97)

O nível de desenvolvimento real pode ser compreendido como aprendizados já consolidados na criança, aquelas capacidades que ela já domina, pois já consegue realizar sozinha sem o auxílio de alguém mais experiente. Enquanto há tarefas que ainda não podem ser desempenhadas sozinhas pelos sujeitos, que precisam do suporte de alguém mais experiente para sua realização. A diferença entre o nível das tarefas que podem ser desempenhadas pelas crianças de maneira independente e das tarefas que precisam do suporte do outro para serem resolvidas, é a *Zona de Desenvolvimento Proximal* da criança. Pan (2008, p. 67/68) destaca que "a educação deve ocupar-se do que pode ser mediado à criança, de modo que a zona de desenvolvimento proximal se torne, amanhã, zona real de ação cognitiva".

Reiterando, de acordo com Vigotski, o desenvolvimento humano compreende um processo dialético marcado por mudanças qualitativas e quantitativas que acontecem gradualmente, articulando fatores externos e internos e progredindo para níveis mais complexos. Ele destaca a influência do contexto social, histórico e cultural no desenvolvimento dos processos mentais superiores e acredita que o modo de pensar e agir do indivíduo desenvolve-se a partir das interações sociais e culturais que ele estabelece com o meio em que vive. Vigotski acredita que organismo e meio exercem influência recíproca. Nessa perspectiva, o homem constitui-se como tal a partir das interações sociais, portanto é um ser que transforma e é transformado nas relações que estabelece em uma determinada cultura. Por essa razão seu pensamento é chamado de sociointeracionista, pois admite a interação do indivíduo com o meio como característica essencialmente definidora da formação do ser humano. Percebendo a importância desses conceitos, eles serão reapresentados durante a análise e discussão dos dados.

Por fim, considero importante destacar que em nossa sociedade existem diferenças no desenvolvimento da linguagem e dos processos interacionais de cada pessoa em particular, tanto nos períodos em que determinadas características devem aparecer quanto na velocidade e na qualidade dessa linguagem e interação. Esses fatores estão relacionados às capacidades internas de cada indivíduo e ao ambiente, que deve ser rico em estímulos e possibilitar diversas experiências. Percebendo os diversos perfis dentro do espectro do autismo e os comprometimentos apresentados nas áreas de comunicação e interação, é fundamental uma investigação sobre o modo particular como as pessoas diagnosticadas no espectro se comunicam e interagem.

1.2.2 A interação social no contexto escolar

Nessa obra, concordo com Duran (1993) ao considerar que o social constitui uma referência ao outro, ao que não sou eu, aquele que comigo divide a cena. Ou seja, o social se configura já a partir da interação social, não serve como designação da unidade coletiva, que perde de vista o indivíduo.

Especificamente no contexto escolar, além da interação professor/professora-estudante, temos presente a interação que ocorre entre pares como um momento único para o desenvolvimento dos sujeitos. O enfoque na interação criança-criança no desenvolvimento infantil teve seu início na década de 1970. Até essa época, adultos eram considerados parceiros mais competentes para promover o desenvolvimento das crianças (BOSA; CAMARGO, 2009; ARANHA, 1993). Estudos mais recentes revelam que a interação entre os pares exerce um papel fundamental no desenvolvimento infantil (BOSA; CAMARGO, 2009; BOSA; CALLIAS, 2012; HARTUP, 1989).

Por meio da interação com parceiros da mesma idade a criança começa a construir suas primeiras relações sociais fora do contexto familiar, ao mesmo tempo em que se constitui, ou seja, a criança exerce um papel ativo em seu próprio desenvolvimento. Nesse contexto de interação entre os pares é que se constitui a *cultura infantil* ou *cultura de pares*, que Corsaro (1997) caracteriza como um conjunto de atividades, rotinas, artefatos, valores e interesses que as crianças produzem e compartilham durante a interação com seus pares. Sendo assim, considero importante destacar Greenspan (2000, p. 16), quando este diz que

> [...] embora os relacionamentos com seus companheiros sejam importantes, eles são construídos sobre as experiências iniciais que a criança teve com seus pais. Uma criança aprende as regras básicas de relacionamento, e a se comunicar e a pensar a partir dessas interações primárias com seus responsáveis.

Na área da Psicologia do Desenvolvimento, Hartrup (1989) apresenta estudos sobre a interação social da criança e seus pares. Ele sugere que toda criança precisa vivenciar dois tipos de relacionamentos: vertical e horizontal. O primeiro é caracterizado por envolver apego com uma pessoa de maior poder social ou conhecimento, como mães, pais, professores, tias, avós, irmãos mais velhos etc. Já o relacionamento horizontal é mais igualitário, pois envolve os companheiros com o mesmo poder social, de mesma idade. Ambos os tipos de relacionamentos exercem influências nos sujeitos e são necessários para o desenvolvimento de habilidades sociais.

Em relação à interação com os pares, Bosa e Camargo (2009, p. 66) destacam que

> [...] a interação com outras crianças da mesma faixa etária proporciona contextos sociais que permitem vivenciar experiências que dão origem à troca de ideias, de papéis e o compartilhamento de atividades que exigem negociação interpessoal e discussão para a resolução de conflitos. No grupo de pares emergem as regras que estruturam as atividades

de cooperação e competição. Desse modo, a qualidade das interações com iguais e a competência social influenciam-se mutuamente.

Acredito que as habilidades sociais são passíveis de serem adquiridas pelas trocas que acontecem no processo de aprendizagem social, ou seja, o processo que permite que os humanos interpretem e respondam adequadamente os signos sociais. Diante do acima exposto, considero que é também papel da escola criar contextos sociais para interações que promovam o desenvolvimento das diversas habilidades dos sujeitos, e não só as cognitivas. Como diz Mantoan (2006, p. 27),

> [...] a escola comum é o ambiente mais adequado para garantir o relacionamento entre os alunos com ou sem deficiência e de mesma idade cronológica, bem como a quebra de qualquer ação discriminatória e todo tipo de interação que possa beneficiar o desenvolvimento cognitivo, social, motor e afetivo dos alunos em geral.

As aprendizagens se desenvolvem nas interações que a criança estabelece com os adultos e com seus pares. A criação de um ambiente interacional favorável possibilita à criança um estado de segurança e acolhimento. Esse suporte emocional contribui para que se efetive uma relação de confiança entre educadoras/educadores e estudantes. Na escola, a criança e o adulto (professor/professora ou mediador/mediadora) interagem numa relação social, especificamente em uma relação de ensino, na qual a atenção deve estar voltada para o desenvolvimento cognitivo, afetivo, sensório-motor e social dos sujeitos. Considero que essa relação não deve ser de imposição, mas sim, de cooperação e de respeito. O/a estudante deve ser considerado/considerada como um sujeito interativo e ativo no seu processo de construção de conhecimento. Por essa razão, cabe a professora e ao professor considerar os conhecimentos prévios dos/das estudantes, sua bagagem cultural e intelectual, para a construção da aprendizagem.

A interação entre os pares traz avanços significativos para a promoção da aprendizagem, que acontece especialmente nas brincadeiras quando as crianças imitam, se opõem, disputam objetos, criam enredos, improvisam etc. A interação das crianças com o adulto estabelece modelos de ação, apoia as iniciativas infantis e acolhe medos e inseguranças das crianças.

Diante disso, e partindo do princípio que as pessoas no espectro apresentam déficits de interação social, considerei de fundamental importância compreender como acontece a interação da criança com TEA no contexto escolar, bem como investigar se a prática docente facilita essa interação e de que forma isso acontece.

1.2.3 Autismo e interação social

Todas as interações sociais, tanto as que envolvem os pares como as que envolvem adultos mais experientes, oferecem oportunidades para que as crianças aprendam mais sobre o mundo. À medida que as crianças crescem e se interessam por seus/suas cuidadores/cuidadoras e outras pessoas, elas tendem a passar mais tempo olhando para eles/elas. Esse interesse provavelmente surge do fato de que os adultos fornecem estímulos, objetos de valor (por exemplo, alimentos) e apoio emocional para os bebês. Adultos tornam-se fontes de informação para as crianças em situações variadas, passam a ser referência, influenciando, assim, o comportamento e as emoções dos bebês. Pensando no Transtorno do Espectro Autista, as crianças passam menos tempo olhando para as pessoas e quando chegam a olhar para seu rosto, elas não parecem usar as informações contidas em sinais faciais não orais para orientar seu comportamento.

> Os bebês podem apresentar um comportamento imitativo já algumas semanas após o nascimento. [...] eles são atraídos para o rosto de seus cuidadores e imitam ou tentam imitar, com frequência cada vez maior, as suas expressões faciais. Essas imitações fazem parte de uma dança de interação social maior, que começa logo após o nascimento entre os bebês e os pais. Em contraste, as crianças com autismo muitas vezes demonstram deficiências na imitação espontânea ou provocada (solicitada). [...] através da imitação, os bebês adquirem novas habilidades, incluindo a linguagem, comportamentos motores, expressões emocionais e protocolos sociais. (WHITMAN, 2015, p. 87)

No desenvolvimento atípico vivenciado por crianças com TEA, déficits na imitação podem ocorrer devido ao pouco contato visual, pouca atenção da criança ou de interpretação social, uma vez que a imitação exige a atenção para outras pessoas. No contexto da interação social, o ato de imitar é importante para que elas possam aprender de modo informal pela observação, tanto de adultos como de outras crianças em situações sociais como em brincadeiras, considerando que elas fornecem um contexto no qual as crianças desenvolvem habilidades e compreensão de regras sociais.

Os déficits sociais são uma característica central do autismo. Whitman (2015, p. 84) destaca que

> O que distingue crianças com autismo de crianças com desenvolvimento típico não é tanto o fato de não interagirem com os outros ou formarem relacionamentos, mas sim as formas como aquelas crianças interagem. [...] elas não tendem a compartilhar ativamente seus interesses e realizações com outras pessoas.

Crianças com autismo apresentam dificuldades na interação social, especificamente em situações que exigem atenção conjunta, iniciação e reciprocidade. Também manifestam dificuldades específicas em manter contato visual apropriado, engajar-se em jogos com os pares e seguir regras sociais. Todos esses pontos, assim como a imitação, são fatores significativos no processo de internalização destacado por Vigotski.

Muitos dos prejuízos sociais que as pessoas diagnosticadas com TEA apresentam estão relacionados à sua dificuldade de entender o que outras pessoas estão pensando e que as perspectivas de outros podem ser diferentes da sua. Uma vez que têm dificuldades para compreender os pensamentos, expressões e atitudes de outras pessoas, também possuem para entender os seus próprios sentimentos e os dos outros. A falta de compreensão dos sentimentos alheios faz com que seja difícil entenderem suas próprias emoções e vice-versa. Além disso, as crianças apresentam dificuldade em iniciar interações e mantê-las.

Se a criança com autismo estiver calma, atenta ao mundo e compartilhando sua atenção, considero que as demais crianças no contexto escolar podem fornecer

> [...] modelos de interação para crianças com TEA, ainda que a compreensão social seja difícil. Acredita-se que a convivência compartilhada das crianças com TEA na escola possa possibilitar os contatos sociais e favorecer não só o seu desenvolvimento, mas o das outras crianças, na medida em que estas últimas convivam e aprendam com as diferenças. (FILHO; LOWENTHAL, 2013, p. 135)

No entanto, esse processo requer respeito principalmente às diferenças individuais de cada criança. A escola pode ser um lugar especialmente importante para as crianças com TEA, pois, na medida em que já estão organizadas sensorialmente para esse espaço, é nele que elas podem aprender com outras crianças e exercitar a sociabilidade, mesmo que esta esteja comprometida.

Diante do exposto acima, da importância da interação social para o desenvolvimento infantil e das possibilidades interacionais no contexto escolar, percebo como fundamental compreender como acontece o processo de inclusão das crianças com diagnóstico na escola. Para tal, apresento no capítulo a seguir o processo de inclusão social com um recorte específico para o contexto escolar, pois, atualmente é por conta desse processo que as interações das crianças com deficiência podem ocorrer na escola.

1.3 Por uma sociedade para todos e todas

1.3.1 Da segregação à Inclusão

A sociedade, em seu processo histórico na inclusão das pessoas com deficiência, apresentou diversas práticas sociais. Segundo Sassaki (2003), inicialmente houve a *exclusão social*, em seguida desenvolveu-se o *atendimento segregado* dentro de instituições, o que deu sequência às práticas de *integração social*, na qual as pessoas com deficiência precisariam se adaptar à sociedade. Na década de 1990 a filosofia da *inclusão social* foi adotada para modificar os sistemas sociais gerais.

De acordo com Louro (2009, p. 8)

> A inclusão celebra a diversidade como algo positivo, buscando eliminar – ou ao menos minimizar – a padronização, a estigmatização e a rotulação das pessoas, considerando que as diferenças de raça, crença, orientação sexual, modos de vestir e as deficiências são características do ser humano.

Para chegarmos ao que hoje conhecemos como *inclusão*, a sociedade – e todos os serviços oferecidos por ela – passou por diversos movimentos, todos eles baseados em diferentes concepções de deficiência, de acordo com os valores de cada época.

Inicialmente, quando a deficiência era associada à religiosidade, não havia nenhum tipo de assistência à pessoa com deficiência. Durante vários anos, principalmente no decorrer do século XIX, as pessoas com necessidades específicas eram deixadas em instituições, onde algumas funcionavam como internato, reforçando a ideia de separação de suas famílias, sendo privadas do contato e da convivência social. Até por volta da década de 1950, a atenção à pessoa com deficiência era baseada no paradigma da institucionalização e se caracterizava pela segregação dessas pessoas em instituições residenciais ou escolas especiais distantes de suas famílias.

Após séculos de segregação e exclusão das pessoas com necessidades específicas, a partir da década de 1960, teve início um movimento de desinstitucionalização no qual a comunidade científica passou a criticar o sistema em que as pessoas com necessidades específicas eram excluídas da sociedade, tendo seus direitos desrespeitados. Os questionamentos eram fundamentais na Declaração Universal dos Direitos Humanos, concedido pela Organização das Nações Unidas (ONU) em 1948, que enfatiza a liberdade e igualdade de todos os seres humanos em direitos e dignidade, independentemente de suas diferenças. Surge então a ideia da normalização, que tinha como objetivo integrar tais pessoas à sociedade.

No decorrer das décadas de 1960 e 1970, o poder público passou a ter obrigações em relação ao atendimento às pessoas com necessidades educacionais específicas, com o objetivo de minimizar as situações de segregação e de inserir as pessoas nos serviços oferecidos pelo Estado. Assim se iniciou o processo de *Integração* (LOURO, 2006; 2009).

Na década de 1980, o processo de integração passou a ser criticado, inicialmente nos Estados Unidos, considerando que a dualidade existente entre educação regular e educação especial era prejudicial. As pessoas questionavam a participação efetiva das pessoas com deficiência na sociedade, pois essa participação ainda era restrita a alguns serviços.

Os termos *integração* e *inclusão*, embora tenham significados semelhantes, são utilizados para apresentar situações de inserção diferentes. De acordo com Mantoan (2006, p. 18),

> O processo de integração ocorre dentro de uma estrutura educacional que oferece ao aluno a oportunidade de transitar no sistema escolar — da classe regular ao ensino especial — em todos os seus tipos de atendimento: escolas especiais, classes especiais em escolas comuns, ensino itinerante, salas de recursos, classes hospitalares, ensino domiciliar e outros. Trata-se de uma concepção de inserção parcial, porque o sistema prevê serviços educacionais segregados.

Mesmo com uma proposta mais interessante que as anteriores, o paradigma da integração passou a ser questionado por um novo pensamento: as pessoas com deficiência são cidadãs como qualquer outra, independentemente de suas limitações, portanto são detentoras dos mesmos direitos e oportunidades oferecidas na sociedade. A partir dessa ótica, "a pessoa com deficiência tem direito a convivência não segregada e ao acesso imediato e contínuo disponíveis aos demais cidadãos" (LOURO, 2006, p. 18). No entanto, para que isso aconteça, é preciso que haja um instrumento que garanta à pessoa o acesso a todo e qualquer recurso da comunidade, ou seja, um suporte que pode ser social, econômico, físico ou instrumental. Portanto,

> [...] cabe à sociedade se adequar às necessidades das pessoas; cabe à escola promover adaptações, sejam elas quais forem necessárias para incluir um aluno com deficiência; cabe ao professor ter conhecimento sobre as questões pedagógicas e estruturais que envolvem seu fazer em relação às pessoas com necessidades educacionais especiais. (LOURO, 2006, p. 18)

No início da década de 1990, surge a *inclusão* questionando o conceito de integração e também as políticas e a organização da educação especial regular. A sociedade passou a discutir a importância de oferecer os mesmos serviços para todos e todas, dando forma ao movimento de inclusão. Sassaki (2003) e Louro (2006) destacam que a inclusão é um processo bidirecional, que envolve ações junto à sociedade e à pessoa com deficiência e que surge com base no princípio de que a sociedade é para todas/todos, para que tenham acesso aos mesmos espaços, que possam usufruir dos mesmos direitos e ter os mesmos deveres.

Embora muitos países já tivessem aderido à prática inclusiva, como Estados Unidos e Canadá, por exemplo, foram necessários anos de exclusão para que em nosso país o paradigma inclusivo fosse inserido nas políticas educacionais. Só na década de 1990, com essa nova prática, chega-se, então, à conclusão de que as pessoas não devem ser inseridas na sociedade sem uma devida adaptação para sua autonomia, ou seja, a sociedade deve promover iguais condições para todos/todas para efetivar com sucesso a proposta inclusiva.

O paradigma da inclusão tem por base a ideia de que, para incluir na sociedade todas as pessoas, ela deve se modificar, o que implica, primeiramente, aceitar as pessoas como elas são, respeitando suas diferenças individuais (MARTINS, 2007).

Nas mais diversas épocas houve discussões sobre o melhor termo para definir a pessoa com deficiência: *deficiente, portador de deficiência* ou *pessoa portadora de necessidades especiais*? Sassaki (2002) sugere que o uso de determinada palavra costuma estar relacionado ao amadurecimento que o assunto alcançou na sociedade, portanto não podemos afirmar que este ou aquele termo estão absolutamente corretos. Podemos pontuar qual a palavra mais adequada a ser utilizada no momento devido às reflexões compatíveis com os valores vigentes na sociedade frente à época em que se vive. Antes utilizada, a palavra *indivíduo* foi substituída pela palavra *pessoa*, atribuindo simbolicamente, um valor pessoal e igualando em direitos e dignidade às outras pessoas da sociedade. Essa postura foi uma mudança significativa por fazer com que a sociedade passasse a se referir à pessoa com deficiência de maneira mais humanizada.

Dentre as diversas nomenclaturas já utilizadas, desde 1994, surgiu o termo que tem sido utilizado nos últimos anos: *pessoa com deficiência*. De acordo com Louro (2012, p. 30)

> Eliminou-se a palavra "portador", afinal de contas a deficiência não é um item opcional; eliminou-se, também, o termo "necessidades especiais", porque, de certa forma, todos temos necessidades especiais, dependendo da circunstância: um estrangeiro que venha morar no Brasil terá necessidades especiais para se adequar ao novo ambiente, bem como uma pessoa obesa, quando for se movimentar ou mesmo permanecer em determinados lugares.

Sendo assim, a nomenclatura *pessoa com deficiência* é a que mais se adequa para os dias atuais. A partir dessas colocações, apresentarei a seguir um olhar sobre a inclusão com as políticas públicas e documentos que marcaram essa nova etapa das práticas sociais voltadas para as pessoas com deficiência.

1.3.2 Um breve olhar sobre a legislação

A partir da década de 1980, políticas públicas e documentos nacionais e internacionais a favor da inclusão foram elaborados. Entre os vários documentos em questão, alguns merecem destaque, são eles: Constituição Federal Brasileira (1988), Declaração de Jontiem (1990), Declaração de Salamanca (1994), Ldben 9394 (1996), Resolução CNE/CEB Nº 2 (2001), a Convenção sobre os direitos das pessoas com deficiência (2006), a Política Nacional da Educação Especial na Perspectiva da Educação Inclusiva (2008), o Decreto nº 6.571 (2008) e a Lei Brasileira de Inclusão (2015).

As discussões mundiais em torno da educação inclusiva questionavam o modelo vigente das políticas educacionais. No Brasil, em 1989, com a Lei Federal 7.853, no seu Artigo 2°, Inciso I, foi definida a necessidade de estabelecer "a matrícula compulsória em cursos regulares de estabelecimentos públicos e particulares de pessoas portadoras de deficiência capazes de se integrarem no sistema regular de ensino". Em relação a isso, Mantoan (2006, p. 26) destaca que

> [...] nossa Constituição Federal de 1988 respalda os que propõem avanços significativos para a educação escolar de pessoas com deficiência, ao eleger como fundamentos da República a cidadania e a dignidade da pessoa humana (artigo 1º, incisos II e III) e como um de seus objetivos fundamentais a promoção do bem de todos, sem preconceitos de origem, raça, sexo, cor, idade e quaisquer outras formas de discriminação (artigo 3º, inciso IV). Ela garante ainda o direito à igualdade (artigo 5º) e trata, nos artigos 205 e seguintes, do direito de todos à educação, direito esse que deve visar ao pleno desenvolvimento da pessoa, seu preparo para a cidadania e sua qualificação para o trabalho.

No início da década de 1990 com o advento da inclusão, vários documentos nacionais e internacionais foram organizados com o objetivo de valorizar a diversidade, sugerindo mudanças nas condutas dos profissionais, no espaço físico, currículos etc., para permitir o acesso de todos/todas à escola (LOURO, 2009, 2012). No entanto, considero importante destacar que as pessoas com deficiência não são a prioridade da inclusão. De acordo com Guebert (2007, p. 74) é

> [...] um movimento de educação para todos (índios, negros, deficientes e marginalizados, entre outros), em que a pessoa passa a ser vista como ser humano dotado de sentimentos e emoções, bem como com direitos assegurados e sendo sujeito de seu processo, com potencialidades e habilidades que lhe permitem a independência.

As declarações de Jontiem, de Salamanca e a Convenção sobre os direitos das pessoas com deficiência são documentos internacionais, organizados por diferentes países e que apresentaram a problemática da exclusão e a importância dos direitos humanos, garantindo a igualdade de oportunidade e a educação para todas e todos.

A *Declaração de Jontiem (1990)* apresentou em seu documento o início de reformas educacionais que assegurem que a escola inclua em suas atividades serviços que correspondam às necessidades dos/das estudantes. A *Declaração Mundial de Educação para Todos*, de 1990, estipulou a universalização do acesso à educação e promoção da equidade. Em 1994, a *Declaração de Salamanca*, além de reafirmar o que sugeria a anterior, foi de fundamental importância por transferir a responsabilidade da adaptação da pessoa com deficiência para as instituições de ensino, ou seja, a sociedade precisaria se adaptar à pessoa e não esta à sociedade, como era proposto no modelo de integração.

A Resolução CNE/CEB Nº 2/2001 também foi um importante marco na educação inclusiva no Brasil na medida em que reforçou a importância do atendimento das/dos estudantes com necessidades educacionais específicas na rede regular de ensino, destacando também a necessidade de realização de flexibilizações e adaptações curriculares, considerando o desenvolvimento de cada estudante envolvido no processo de aprendizagem.

Em 2008, o Brasil participou da Convenção da ONU sobre os Direitos das Pessoas com Deficiência, um tratado internacional do qual participam 161 países que se comprometem a adaptar sua legislação às normas internacionais estabelecidas pela Convenção. O objetivo principal é assegurar e promover o exercício pleno e equitativo de todos os direitos humanos e liberdades fundamentais para as pessoas com deficiência. Ainda nesse mesmo ano, o texto da Política Nacional da Educação Especial na Perspectiva da Educação Inclusiva (2008) enfatiza o momento atual do respeito às diferenças e busca destacar a importância da igualdade no atendimento para todos/todas, dentro e fora da escola. O atendimento educacional especializado também é destacado nesse documento como um serviço que colabora efetivamente com a inclusão escolar. Esse atendimento deve ser função do/da professor/professora com especialização e conhecimentos específicos da área de educação especial.

O ensino especial é uma modalidade que deve perpassar o ensino comum em todos os níveis – da escola básica ao ensino superior. A Lei de Diretrizes e Bases da Educação Nacional (LDB 96), afirma a necessidade de currículos, métodos, técnicas e recursos educacionais apropriados em todas as áreas educacionais para atender as necessidades dos/das estudantes com deficiência. Essa mesma lei também garante que na universidade estudantes contem com a presença de intérpretes, tecnologia assistiva e outros recursos na sala de aula comum. Não só o acesso precisa ser assegurado, como também a permanência e a continuidade do estudo.

A legislação brasileira garante que a educação de qualquer pessoa, independentemente de sua condição humana, deve ser na rede regular de ensino, nas salas de aula comum. A lei nº 12.764 que institui a Política Nacional de Proteção dos Direitos da Pessoa com Transtorno do Espectro Autista, sancionada em dezembro de 2012, considera as pessoas com autismo como pessoas com deficiência e concede os direitos a todas as políticas de inclusão do país, inclusive a de educação.

Em 2015, a Lei Brasileira de Inclusão de nº 13.146/15 surgiu alterando algumas leis (Código Eleitoral, Código de Defesa do Consumidor, Código Civil, Estatuto das Cidades e as Consolidações das Leis do Trabalho) que não atendiam ou que excluíam pessoas com deficiência. Objetivando assegurar e a promover, em condições de igualdade, os direitos fundamentais da pessoa com deficiência, visando a sua inclusão e cidadania, trouxe como principal inovação a mudança do conceito de deficiência, que passa a ser entendido no documento como "o resultado da interação das barreiras impostas pelo meio com as limitações de natureza física, mental, intelectual e sensorial do indivíduo" (LEI BRASILEIRA DE INCLUSÃO, 2015).

Considero que a pessoa com deficiência tem direitos legais e morais de receber um nível de educação igual ao das pessoas sem deficiência. Corroborando com essa ideia, o Ministério da Educação (2002, p.13) destaca que

> Cada pessoa é única, com características físicas, mentais, sensoriais, afetivas e cognitivas diferenciadas. Portanto, há necessidade de se respeitar e valorizar a diversidade e a singularidade de cada ser humano. [...] cai o "mito" da constituição de uma turma homogênea e surge o desafio de uma "práxis" pedagógica que respeite e considere as diferenças.

No entanto, apesar de todo esse movimento na busca de estabelecer e assegurar a educação de qualidade para todos e todas, é possível observar que ainda há uma predominância de fatores históricos de um sistema dominante, em que as pessoas com deficiências ou necessidades educacionais específicas são segregadas nos espaços formais de educação. Além disso, embora desde a década de 1990 a inclusão esteja sendo discutida e implementada na sociedade, maior parte das escolas brasileiras ainda precisam caminhar e se estruturar para assumir de fato uma proposta inclusiva.

1.3.3 Educação Inclusiva

Cada pessoa é única no mundo. A visão pós-moderna leva em conta a experiência particular das pessoas, a vida cotidiana, a diferença. Candau (2005) destaca que das lutas dos grupos sociais discriminados e excluídos de uma cidadania plena, dos movimentos sociais, especialmente os referidos às questões identitárias, nasceu o multiculturalismo. A perspectiva multicultural quer promover uma educação para o reconhecimento do *outro*, para o diálogo entre os diferentes grupos sociais e culturais. Ela está orientada para a construção de uma sociedade democrática, plural, humana, que articule políticas de igualdade com políticas de identidade.

Ainda de acordo com Candau (2005), hoje em dia não se pode falar em igualdade sem incluir as questões relativas à diferença. Não se deve contrapor igualdade à diferença. De fato, a igualdade está oposta à desigualdade, e diferença se opõe à padronização, à produção em série, à uniformidade. O que a autora busca trabalhar é, ao mesmo tempo, a negação da padronização e também a luta contra todas as formas de desigualdade e discriminação presentes na nossa sociedade. A igualdade que queremos construir assume o reconhecimento dos direitos básicos de todas as pessoas.

É importante articular igualdade e diferença no nível das políticas educativas, assim como das práticas pedagógicas, o reconhecimento e a valorização da diversidade, com as questões relativas à igualdade e ao direito à educação, como direito de todas e todos. É necessário que experimentemos uma intensa interação com diferentes modos de viver e expressar-se."[...] as diferenças não podem ser apresentadas nem descritas em termos de melhor e/ou pior, bem e/ou mal, superior e/ou inferior, positivas e/ou negativas, maioria e/ou minoria etc. São, simplesmente – porém não simplificadamente –, diferenças" (SKLIAR, 2006, p. 23).

Como destacado por Mantoan e Prieto (2006, p. 18), "Para instaurar uma condição de igualdade nas escolas não se concebe que todos os alunos sejam iguais em tudo, como é o caso do modelo escolar mais reconhecido ainda hoje." A escola ao mesmo tempo em que afirma que estudantes são diferentes quando se matriculam em uma série, no final do ano letivo avalia com o objetivo de verificar se atingiram igualmente os conhecimentos estabelecidos para aquela série, caso contrário serão excluídos por repetência ou passarão a frequentar os grupos de reforço e de aceleração da aprendizagem.

Além de considerar a igualdade e a diferença diante das políticas educativas, é fundamental destacar a qualidade e a equidade na educação. Um sistema educacional de qualidade precisa ter compromisso com a equidade considerando o respeito à diversidade, a fim de reconhecer as singularidades de cada pessoa. Assim, quando destaco equidade, me refiro não à igualdade de direitos de forma homogênea, mas à igualdade de oportunidades considerando as características e necessidades individuais de cada pessoa. Na igualdade equitativa, as instituições educacionais precisam ser justas, considerando as características e diferenças individuais. Por esse fator, a equidade se coloca como uma forma de articular as diferenças de maneira justa com a finalidade de amenizar as desigualdades. Reconhecer que todas e todos têm direitos iguais incontestáveis na sociedade implica compreender que as instituições educacionais devem considerar a igualdade equitativa de oportunidades em benefício das minorias, não devendo, sob hipótese nenhuma, compactuar com formas de discriminação.

A inclusão significa organizar a escola estruturalmente, redefinir os planos para uma educação que respeite as diferenças, eliminando as barreiras arquitetônicas e adquirindo novos materiais e recursos, além de preparar funcionárias e funcionários que irão atuar no espaço (educadores, educadoras, cozinheiros, serventes etc.). É indispensável que as instituições de ensino eliminem barreiras arquitetônicas, atitudinais e adotem práticas pedagógicas que se adequem às diferenças dos sujeitos, oferecendo alternativas que contemplem a diversidade, recursos e equipamentos especializados que atendam a todas as necessidades educacionais dos/das estudantes, com ou sem deficiências.

Um modelo de adaptação bastante comum para pessoas com deficiência que busca promover adaptações para facilitar seu desempenho em diversas atividades, é a *tecnologia assistiva*. Qualquer modificação de tarefa, adaptações, método, equipamento modificado ou feito sob medida e meio ambiente que propicie independência e função à pessoa com deficiência, buscando manter ou melhorar as suas capacidades funcionais, se enquadra na tecnologia assistiva. Conforme Damasceno e Galvão Filho (2002) destacam, ela tem por objetivo proporcionar à pessoa com necessidades específicas maior independência, qualidade de vida e inclusão social, por meio da ampliação da comunicação, mobilidade, controle do seu ambiente, habilidade de seu aprendizado, trabalho e integração com a família, amigos e sociedade. Em relação ao autismo, a tecnologia assistiva pode ser de grande utilidade, alguns exemplos são: as *pranchas de comunicação* – que servem para colaborar na comunicação de pessoas com dificuldade ou total impossibilidade de comunicação verbal; *utensílios escolares* – tesouras com molas, lápis mais grosso com suporte para auxílio na escrita, apontadores com fixador para mesa, entre outros; *recursos tecnológicos como Computador ou Ipad* – que oferece uma outra possibilidade de comunicação e de realização de atividades; *Adaptações arquitetônicas* – mapeamento do local com sinalizações indicativas nas paredes, no chão, no banheiro etc.

No entanto, considero importante destacar que nem sempre as pessoas com deficiência necessitam das adaptações proporcionadas pela tecnologia assistiva. Em alguns casos, as escolas e os/as professores/professoras precisam fazer outras adaptações para facilitar a aprendizagem de estudantes que apresentam maiores dificuldades. Nesse caso, Louro (2006) destaca que são necessárias *Adaptações Pedagógicas,* dando ênfase a:

> 1) *Adaptação de acesso ao currículo* – estas são de responsabilidade do sistema político-administrativo, tais como: criações de condições físicas, ambientais e materiais para o aluno; adaptações arquitetônicas; aquisições de mobiliário e equipamentos de recursos necessários; curso de capacitação para os professores, entre outros. (p. 82)
>
> 2) *Adaptação de objetivos e de conteúdos* – se refere à possibilidade de se eliminarem objetivos básicos, ou à possibilidade de serem criados objetivos específicos para favorecer que alunos com deficiência possam conviver com demais alunos. De "conteúdo" – se refere à possibilidade de se trabalhar com conteúdos programáticos diferenciados levando em consideração as necessidades e dificuldades dos alunos (p. 83)
>
> 3) *Adaptação do método de ensino e do material* – alterações na maneira de lecionar, no material utilizado para favorecer a compreensão dos alunos ou nas estratégias de ensino, levando em consideração as particularidades de cada um. (p. 84)

A concepção inclusiva aqui adotada, valoriza a pessoa com deficiência enquanto ser humano e, sob essa perspectiva, a limitação passa a ser vista como uma das características da pessoa e nunca como referência de quem ela é. Com base nisso, Sassaki (2003, p. 47) destaca:

> Cabe, portanto, à sociedade eliminar todas as barreiras físicas, programáticas e atitudinais para que as pessoas com necessidades especiais possam ter acesso aos serviços, lugares,

informações e bens necessários ao seu desenvolvimento pessoal, social, educacional e profissional.

Segundo Sassaki (2003), existem algumas barreiras que impedem as pessoas com deficiência de ter igual acesso aos lugares, serviços, informações etc., na sociedade. No que se refere à escola, as barreiras físicas, ou seja, decorrentes de problemas de acessibilidade na sua estrutura, e/ou as barreiras atitudinais, tem dificultado significativamente o acesso e a permanência de estudantes com deficiência na escola. Essas últimas, barreiras atitudinais, segundo Martins (2007, p. 3) "são baseadas na rejeição, no medo, na estigmatização, e nos preconceitos, que são os mecanismos de defesa existentes frente ao aluno tido como 'diferente'".

Para a efetivação de fato da proposta inclusiva é necessário que a sociedade em geral esteja instrumentalizada com recursos físicos e humanos apropriados para as pessoas que deles necessitam. Sendo assim, Guebert (2007, p. 22) destaca que "a proposta de inclusão fundamenta-se, portanto, em uma filosofia que possibilita a construção de igualdade de condições a todos".

De maneira geral, as escolas ainda necessitam de orientações, equipamentos e recursos pedagógicos adequados para as pessoas com necessidades educacionais específicas. Muitas vezes alguns/algumas docentes apresentam uma formação comprometida em relação às necessidades específicas de seus/suas alunos/alunas e com isso apresentam uma série de dificuldades no trabalho com as/os estudantes, o que compromete tanto a aprendizagem do sujeito, quanto sua autoestima enquanto educador/educadora. O fato de não ter clareza da maneira como as atividades pedagógicas devem ser realizadas, por desconhecerem as possibilidades de adaptação ou de organização do material didático, bem como o uso de outros recursos, pode gerar insegurança, desconforto e concretizar uma visão de que a criança com deficiência não aprende, o que não é verdadeiro.

Enfatizo a importância da formação de professores e professoras por considerar que sua contribuição é fundamental no processo de inclusão, pois tem grande peso dentro do sistema pedagógico-cultural e poder de influenciar a escola, estudantes e comunidade. A inclusão requer currículos e planejamentos adaptados, recursos pedagógicos, organização espacial e docentes capacitados/capacitadas. Como diz Mantoan (2006, p. 9)

> Para formar uma nova geração à luz de um projeto educacional inclusivo, é indispensável o exercício diário da cooperação e da fraternidade, do reconhecimento e do valor

das diferenças, o que não exclui a interação com o universo do conhecimento em suas diferentes áreas. Em outras palavras, uma escola para todos não desconhece os conteúdos acadêmicos, não menospreza o conhecimento científico, sistematizado, mas também não se restringe a instruir os alunos, a "dominá-los" a todo custo.

É importante também destacar as escolas especializadas que dentro desse processo complementam, e não substituem, a escola comum. Elas se destinam ao ensino de habilidades que possibilitem ao aluno com necessidades específicas maiores habilidades que possam auxiliá-lo na escola. Se destinam ao ensino do que é diferente da carga curricular presente na escola comum, sem níveis e seriações. O termo *necessidades educativas específicas* reflete o fato de que estudantes com deficiência ou com dificuldades de aprendizagem podem apresentar necessidades educativas de níveis distintos em diferentes momentos.

A escola não pode continuar a ignorar o que acontece ao seu redor, nem pode anular ou marginalizar as diferenças nos processos pelos quais forma e orienta estudantes. Pensar em uma escola inclusiva implica querer uma escola livre de preconceitos, que reconheça e valorize as diferenças. Garantir o direito à educação não é o bastante, é preciso assegurar uma educação de qualidade, igualitária e equitativa, uma verdadeira educação para todos e todas.

Há diferenças e há igualdades. Então, como conclui Santos (1995), é preciso que tenhamos o direito de ser diferentes quando a igualdade nos descaracteriza e o direito de ser iguais quando a diferença nos inferioriza. A escola, então, precisa estar preparada para atender todas as necessidades decorrentes dessas diferenças.

1.3.4 Autismo e inclusão escolar

Tanto na educação de crianças com autismo, quanto na de crianças com necessidades específicas em geral, na trajetória da educação especial no Brasil, as instituições especializadas foram inicialmente as grandes responsáveis, pois essas não tinham espaço na escola. Com o movimento de inclusão nos anos 90, as instituições passam, então, a servir de apoio à escola, facilitando e ampliando a aprendizagem do/da estudante, dando possibilidades para que possa se desenvolver de maneira plena.

Considero importante frisar que não é porque a criança está em uma escola comum que necessariamente ela estará incluída. Acredito e defendo a inclusão escolar de pessoas com autismo porque reconheço e acredito nas vantagens que a escola comum pode trazer para o desenvolvimento e aprendizagem. Porém, é importante ter bastante atenção e cuidado com a ideia de que todas crianças com autismo devem ser incluídas a qualquer custo, principalmente considerando o fato que as escolas brasileiras ainda caminham para efetivar de fato a inclusão. No autismo cada caso deve ser analisado em particular. Menezes (2012, p. 53) complementa destacando que

> [...] uma inclusão realizada sem as devidas ponderações a respeito de todo o contexto em questão, pode se tornar a mais perversa das exclusões. Aquela que acontece dentro do ambiente escolar, em que o aluno é mantido na escola e ainda assim não consegue evoluir em seu processo. Em síntese [...] pode-se dizer que para que o processo de inclusão escolar de alunos com autismo seja bem sucedido é preciso atender a três condições básicas. São elas: 1) Conhecer e estudar as características comuns às pessoas com autismo; 2) Definir a forma de atendimento educacional a ser ofertado, concomitantemente com a turma comum e 3) Desenvolver estratégias adequadas de atuação pedagógica em sala de aula, respondendo às necessidades educacionais especiais de alunos com autismo, as quais devem ser avaliadas sistematicamente.

Corroborando com essa ideia, Muszkat (2012, p. 22) destaca que "uma inclusão a todo custo, despreparada, sem a garantia dos recursos necessários constitui-se na aceleração de práticas segregadoras, nas quais tanto as crianças com deficiência quanto os educadores são as maiores vítimas". Nessa ótica, incluir a criança com autismo vai além de inseri-la em uma escola, em uma sala regular. É preciso inicialmente que a criança esteja regulada e organizada sensorialmente para dar conta dos estímulos no ambiente escolar, assim como é necessário que a escola esteja preparada para um trabalho inclusivo com adaptações, se necessário, comunicacionais, curriculares, metodológicas e arquitetônicas; para que possam ser oferecidas a essa criança aprendizagens significativas a partir do nível do desenvolvimento em que se encontra, investindo em suas potencialidades. Acredito que a criança está pronta para o ambiente escolar a partir do momento em que ela está calma, atenta ao mundo e compartilhando sua atenção com o outro, ou seja, regulada. "A inclusão envolve **singularidade**, no sentido de que, mesmo com transtornos comuns e o mesmo tipo de deficiência, as crianças têm um desenvolvimento sempre individual, heterogêneo e próprio" (MUSZKAT, 2012, p. 21) e esse aspecto deve ser sempre validado e observado.

Na medida em que a criança com autismo está regulada para o espaço escolar e suas informações sensoriais, a inclusão pode proporcionar oportunidades de conviver com outras crianças da mesma faixa etária, constituindo-se em um espaço de aprendizagem e de desenvolvimento da competência social. De acordo com Bosa e Camargo (2009, p. 67):

> O desenvolvimento social de algumas crianças já se encontra em risco desde os primeiros anos de vida, sendo o autismo o protótipo desses casos. Nesse sentido, a escola possui papel fundamental nos esforços para ultrapassar os déficts sociais dessas crianças, ao possibilitar o alargamento progressivo das experiências socializadoras, permitindo o desenvolvimento de novos conhecimentos e comportamentos.

Pensar inclusão escolar a partir das pessoas com TEA é enriquecer e diversificar o processo de ensino-aprendizagem. Os conhecimentos sobre o ensino de estudantes com necessidades educacionais específicas precisam estar ao alcance de todos/todas profissionais da educação. Professoras e professores que trabalham com crianças com TEA devem ser capazes de criar ou adaptar materiais, planejar atividades e avaliações adaptadas, analisar seus conhecimentos de maneira muito específica, tudo isso para um melhor desempenho da criança em sala de aula.

É fundamental que professoras e professores considerem as diferenças individuais dos/das estudantes e suas implicações pedagógicas como condição indispensável para a elaboração do planejamento e das avaliações de aprendizagem, para a implantação de propostas condizentes e responsivas às suas características. A avaliação de estudantes com TEA não deve centrar-se unicamente neles mesmos, mas levar em conta o contexto no qual estes estão inseridos: o funcionamento da escola, os recursos disponíveis, a metodologia empregada, as atividades e os materiais adaptados, pois, como destacado por Mantoan (1997, p. 2) as

> escolas inclusivas propõem um modo de se constituir o sistema educacional que considera as necessidades de todos os alunos que apresentam dificuldades na escola, mas apoia a todos: professores, alunos, pessoal administrativo, para que obtenham sucesso na corrente educativa geral.

1.4 Educação infantil

Durante bastante tempo, a educação da criança foi considerada uma responsabilidade das famílias ou do grupo social ao qual ela pertencia. Era junto aos adultos e aos pares com quem convivia que a criança aprendia a se tornar membro do seu grupo e a dominar os conhecimentos que eram necessários para a sua sobrevivência.

Nas três últimas décadas, discussões que envolvem as crianças de 0 a 5 anos, seus direitos e a política da educação infantil, vem ganhando espaço nos debates educacionais. O reconhecimento desse direito afirmado na Constituição de 1988; no Estatuto da Criança e do Adolescente; e na LDB de 1996, está explícito nas Diretrizes Curriculares para Educação Infantil e no Plano Nacional de Educação. Kramer (2006, p. 799) destaca que "a educação infantil é, desde a Constituição de 1988, direito das crianças, dever do Estado e opção da família e, desde a LDB de 1996, a primeira etapa da educação básica".

A Constituição Federal de 1988 incluiu creches e pré-escolas no sistema de ensino, formando com o Ensino Fundamental e Ensino Médio a Escola Básica. Em 2009, aprovadas pelo Conselho Nacional de Educação, as novas Diretrizes Curriculares Nacionais da Educação Infantil (Dcneis) propõem como se pensar, em que direção atuar junto às crianças e como articular o processo de ensino-aprendizagem na escola. De acordo com Oliveira (2010, p. 1)

> [...] as novas Diretrizes Curriculares Nacionais para a Educação Infantil (DCNEIs) foram elaboradas a partir de ampla escuta a educadores, movimentos sociais, pesquisadores e professores universitários, que expuseram suas preocupações e anseios em relação à Educação Infantil, considerando já haver conhecimento consistente acerca do que pode fundamentar um bom trabalho junto às crianças. Elas destacam a necessidade de estruturar e organizar ações educativas com qualidade, articulada com a valorização do papel dos professores que atuam junto às crianças de 0 a 5 anos. Esses são desafiados a construir propostas pedagógicas que, no cotidiano de creches e pré-escolas, deem voz às crianças e acolham a forma delas significarem o mundo e a si mesmas.

A educação infantil, como nós a conhecemos hoje, é muito recente. As creches e pré-escolas surgiram depois das escolas, sendo possível porque também se modificaram na sociedade os modos de se pensar o que é ser criança e a importância que foi dada ao momento específico da infância. Kramer (2006, p. 800) destaca que

> [...] estudos contemporâneos da antropologia, sociologia e da psicologia ajudaram a entender que às crianças foi imposta uma situação desigual; combater a desigualdade e considerar as diferenças é tarefa difícil embora necessária se a perspectiva que se objetiva consolidar é democrática, contrária à injustiça social e à opressão. Assim, ao mesmo tempo em que começaram a ter sua especificidade respeitada, as crianças passaram a ser consideradas – ao longo destes 30 anos – cidadãs, parte de sua classe, grupo, cultura. Assistência, saúde e educação passaram a ser compreendidas como direito social de todas as crianças.

A partir dessa perspectiva democrática é traçado o projeto pedagógico, que é o eixo norteador das ações da instituição que define as metas para o desenvolvimento das crianças. Para alcançar as metas propostas em seu projeto pedagógico, a instituição de educação infantil organiza seu currículo. Este, nas Dcneis, é entendido como

> [...] conjunto de práticas que buscam articular experiências e os saberes das crianças com os conhecimentos que fazem parte do patrimônio cultural, artístico, ambiental, científico e tecnológico, de modo a promover o desenvolvimento integral de crianças de 0 a 5 anos de idade. (MINISTÉRIO DA EDUCAÇÃO, 2010, p. 12)

O currículo busca articular as experiências e os saberes das crianças com os conhecimentos da sociedade por meio de práticas planejadas e permanentemente avaliadas que estruturam o cotidiano das instituições. Os currículos têm a pretensão de serem neutros, isto é, servir igualmente a todas e todos, sem considerar se a pessoa que aprende é menina/menino/ negro/branco/ índio, nasceu na zona urbana ou rural, vem de uma família de migrantes etc.

Ao considerarmos que vivemos em contextos culturais e históricos em permanente transformação, podemos incluir aí também a ideia de que as crianças participam igualmente dessa transformação e, nesse processo, acabam também transformadas pelas experiências que vivem nesse mundo extremamente dinâmico. A criança é o centro do planejamento curricular e este necessita envolver-se

> [...] com diferentes linguagens e valorizar o lúdico, as brincadeiras, as culturas infantis. Não se trata assim de transmitir à criança uma cultura considerada pronta, mas de oferecer condições para ela se apropriar de determinadas aprendizagens que lhe promovem o desenvolvimento de formas de

agir, sentir e pensar que são marcantes em um momento histórico. (OLIVEIRA, 2010, p. 5)

A infância é o momento em que a interação com as pessoas e o mundo vão levando as crianças a atribuir significados àquilo que as cerca. Essa participação na experiência cultural não ocorre isolada, fora de um ambiente de cuidados, de uma experiência de vida afetiva e de um contexto material que lhes dá suporte. Esse processo de constituição dos sujeitos no mundo da cultura é o modo pelo qual o sujeito passa não apenas a absorver a cultura do seu grupo, mas também a produzi-la e a ativamente transformá-la. Isso ocorre porque o modo pelo qual compreendemos o mundo e atribuímos significado aos objetos que dele fazem parte é dinâmico e se faz por meio de intensas trocas entre os sujeitos. Portanto, a educação não se constitui como um processo de transmissão cultural, mas de produção de sentidos e de criação de significados. A preocupação da/do professora/professor deve ser garantir às crianças oportunidades de interação com os pares, dado que elas aprendem enquanto interagem.

Para a criança, o brincar é a principal atividade do dia a dia, portanto todo período da educação infantil é importante para a introdução das brincadeiras. Kishimono (2010, p. 1) destaca que "o brincar é uma ação livre, que surge a qualquer hora, iniciada e conduzida pela criança; dá prazer, não exige, como condição, um produto final; relaxa, envolve, ensina regras, linguagens, desenvolve habilidades e introduz a criança no mundo imaginário". É importante porque é na brincadeira que ela pode tomar decisões, expressar sentimentos, valores, conhecer a si, aos outros e o mundo, se apropriar das regras sociais, partilhar, expressar sua identidade e individualidade, usar o corpo, os sentidos, o movimento, criar e solucionar problemas.

Brincando a criança começa a assimilar crenças, costumes, regras, leis e hábitos do meio em que vive. Vigotski (2007) atribui importante papel ao ato de brincar na construção do pensamento infantil. A criança, por meio da brincadeira, reproduz o discurso externo e o internaliza, construindo seu próprio pensamento. É brincando, jogando, que a criança revela seu modo de aprender e entrar em uma relação cognitiva com o mundo de eventos, pessoas e objetos.

Enfatizando essa linha de pensamento e destacando a importância das atividades lúdicas como uma das maneiras mais eficazes de envolver as crianças nas atividades, considerando que a brincadeira é algo inerente à infância, Dallabona e Mendes (2004, p. 1) destacam que por meio das brincadeiras "a criança satisfaz, em grande parte, seus interesses, necessidades e desejos particulares, sendo um meio privilegiado de inserção na realidade, pois expressa a maneira como a criança reflete, ordena, desorganiza, destrói e reconstrói o mundo."

De acordo com o artigo 9º das Diretrizes Curriculares Nacionais para a educação infantil, os eixos norteadores das práticas pedagógicas devem ser as interações e as brincadeiras. Com base em tal afirmação, Kishimono (2010) apresenta a importância de cinco eixos nesse processo: 1) *interação com a/o professora/professor:* essencial para o conhecimento do mundo social e para dar maior riqueza, complexidade e qualidade às brincadeiras; 2) *interação com as crianças:* garante a produção, conservação e recriação do repertório infantil, modalidade de cultura conhecida como cultura infantil ou cultura lúdica; 3) *interação com brinquedos e materiais:* essencial para o conhecimento do mundo dos objetos, diversidade de texturas, cores, tamanhos, formas, espessuras, cheiros e outras especificidades do objeto são importantes para a criança compreender o mundo; 4) *interação entre criança e ambiente:* a organização do ambiente pode facilitar ou dificultar a relação das brincadeiras e das interações entre as crianças e adultos; e 5) *interações (relações) entre a instituição, a família e a criança:* a relação entre a instituição e a família possibilita o conhecimento e a inclusão, no projeto pedagógico, da cultura popular e dos brinquedos e brincadeiras que a criança conhece.

Portanto, acredito que é de extrema importância perceber que as mudanças que ocorrem com as crianças, ao longo da infância, são muito importantes e que algumas delas jamais se repetirão. Em razão disso, considero de grande relevância defender o direito da criança à sua infância. A experiência da educação infantil deve incluir o acolhimento, a segurança, o lugar para a emoção, para o gosto, para o desenvolvimento da sensibilidade, vivências das diferentes linguagens, sem deixar de lado o desenvolvimento das habilidades sociais, o domínio do espaço, do corpo e das modalidades expressivas.

1.4.1 Prática docente na educação infantil: um olhar para educação inclusiva

A atuação com crianças na educação infantil exige que professoras e professores sejam polivalentes, ou seja, que em sua prática articulem saberes oriundos de diversas áreas do conhecimento, habilidade esta que exige uma formação ampla da/do profissional. Nessa direção, Tardif (2011) chama atenção para o aspecto constitutivo dos saberes de professoras e professores, apontando que estes são produzidos na trajetória profissional. Segundo o autor,

> O saber dos professores não é um conjunto de conteúdos cognitivos definidos de uma vez por todas, mas um processo de construção ao longo de uma carreira profissional na qual o professor aprende progressivamente a dominar seu ambiente de trabalho, ao mesmo tempo em que se insere nele e o interioriza por meio de regras de ação que se tornam parte integrante de sua "consciência prática". (TARDIF, 2011, p. 14)

Na tentativa de situar os vários saberes que constituem o saber docente, considero o ponto de vista de Tardif, Lessard e Lahaye (1991), que defendem que os saberes docentes advêm de várias fontes, tais como: saberes das disciplinas, saberes curriculares, saberes profissionais e os saberes da experiência. A construção dos saberes na formação de professores e professoras se dá, portanto, não apenas por meio do conteúdo ou dos saberes estritamente acadêmicos, mas a partir das relações estabelecidas no ambiente escolar e fora dele. Os saberes são adquiridos e modelados, sendo oriundos de diversas fontes (família, escola, faculdade) e aprendidos em diferentes momentos da vida, o que faz com que professoras e professores pensem sua prática a partir de sua história de vida e não apenas intelectualmente. Sendo assim, compreendo que a competência da atuação docente está ligada ao processo de sua formação profissional nas dimensões inicial e continuada, dos saberes que definem sua identidade profissional, de sua formação e das experiências vivenciadas.

Ainda segundo Tardif (2002, p.68), antes de começarem a trabalhar como professores e professoras, docentes ficam por aproximadamente 16 anos imersos em seu local de trabalho, "essa imersão se expressa em toda uma bagagem de conhecimentos anteriores, de crenças, de representações e de certezas sobre a prática docente". Nesse contexto, a atividade docente não é exterior às condições psicológicas e culturais de professores e professoras. Educar e ensinar trata-se de um processo em que a própria experiência cultural do/da professor/professora é determinante. Todos esses saberes dos/das professores/professoras, contextualizados por Tardif, em seu conjunto constituem sua prática.

A prática docente muitas vezes é confundida com a prática pedagógica. Segundo Souza (2012, p.20),

> [...] a professora e o professor não têm prática pedagógica. Têm prática docente. A prática docente é apenas uma das dimensões da prática pedagógica interconectada com a prática gestora, a prática discente e a prática gnosiológica e/ou epistemológica. A prática pedagógica inclui a prática docente, mas a ela não se reduz.

Portanto, a prática docente se constitui como uma dimensão da prática pedagógica. Sendo assim, entendo que a prática docente é a ação específica da professora e do professor com seus alunos e suas alunas, seja no interior da sala de aula ou no espaço externo em que este se propõe a trabalhar, que organiza formas e conteúdos para facilitar o aprendizado dos/das estudantes.

De acordo com o Art. 29 da LDB nº 9.394/96,

> A educação infantil, primeira etapa da educação básica, tem como finalidade o desenvolvimento integral da criança até seis anos de idade, em seus aspectos físico, psicológico, intelectual e social, complementando a ação da família e da comunidade (BRASIL, 2006, p. 41).

Essa afirmativa nos faz refletir sobre a atuação da/do professora/professor da educação infantil, ou seja, da sua prática docente que envolve planejamento e avaliação das aprendizagens, considerando o desenvolvimento de alunos e alunas em todos os aspectos mencionados. É função do/da professor/professora, nessa modalidade de ensino, considerar como ponto de partida para sua prática docente os conhecimentos das crianças, advindos de suas experiências sociais, afetivas e cognitivas, e a partir de seus conhecimentos prévios, estabelecer estratégias didáticas que possam favorecer seu desenvolvimento e sua aprendizagem.

A realidade escolar nos mostra, a cada dia, que a educação formal já não pode mais se sustentar na crença de que ensinar significa transmitir conhecimentos, como um ato de passar informações consideradas importantes de serem absorvidas por estudantes. A profissão docente é um ofício de interações, que é desenvolvida pelas relações interpessoais, ou como nos afirma Imbernón (2006, p. 7),

> [...] a profissão docente deve abandonar a concepção predominante no século XIX de mera transmissão do conhecimento acadêmico, de onde de fato provém, e que se tornou inteiramente obsoleta para a educação dos futuros cidadãos em uma sociedade democrática: plural, participativa, solidária, integradora.

Sabemos que diante das questões sobre a pluralidade presente em nossa sociedade, a escola deve estar apta para não ignorar as diferenças dos/das estudantes dentro e fora de sala de aula. Acredito que uma prática docente na educação infantil deve ser coerente com uma pedagogia que respeite a criança, seu desenvolvimento individual, suas habilidades, dificuldades, identidades e a diversidade.

Souza (2005) partiu da premissa de que as pessoas não nascem com competências para educar crianças. Para ela, a educadora e o educador devem desenvolver características pessoais e profissionais para desempenhar um bom trabalho na docência com crianças. A profissão docente deve criar possibilidades de produção do saber, professoras/formadoras e professores/formadores devem estar abertos às indagações, curiosidades, dúvidas e ao mesmo tempo instigar estudantes a dizer e a refletir sobre o que vivenciam, a construir e reconstruir seus conhecimentos e a confrontar seus saberes e suas opiniões. De acordo com Imbernón (2006, p. 29):

> A profissão docente comporta um conhecimento pedagógico específico, um compromisso ético e moral e a necessidade de dividir a responsabilidade com outros agentes sociais, já que exerce influência sobre outros seres humanos e, portanto, não pode nem deve ser uma profissão meramente técnica de "especialistas infalíveis" que transmitem unicamente conhecimentos acadêmicos.

A prática docente está diretamente associada ao currículo, ao planejamento e a avaliação dos processos educacionais. Sendo assim, tanto a instituição de educação infantil quanto as/os professoras/professores, devem tornar acessível à todas as crianças elementos da cultura que contribuam para seu desenvolvimento, interação e inclusão social, propiciando a afirmação de sua identidade e o respeito às diferenças por meio de aprendizagens em situações interativas. De acordo com Nóvoa (1999, p. 66)

> O ensino é uma prática social, não só porque se concretiza na interação entre professores e alunos, mas também porque estes atores refletem a cultura e contextos sociais a que pertencem. A intervenção pedagógica do professor é influenciada pelo modo como pensa e como age nas diversas facetas da sua vida.

Considerando a prática docente nesse contexto, entendo que a ação de professoras e professores na sala de aula seja referenciada por conhecimentos plurais que lhes deem autonomia para organizar e reorganizar um trabalho coerente com os princípios da educação infantil, demonstrando efetivamente preocupação com a sua atuação para o amplo desenvolvimento e a aprendizagem de alunas e alunos.

Segundo o referencial curricular,

> A instituição de educação infantil deve tornar acessível a todas as crianças que a frequentam, indiscriminadamente, elementos da cultura que enriquecem o seu desenvolvimento e inserção social. Cumpre um papel socializador, propiciando o desenvolvimento da identidade das crianças, por meio de aprendizagens diversificadas, realizadas em situações de interação (BRASIL, 1998, p. 23).

Nessa ótica, sendo a prática docente a materialização de um trabalho que contribui para o desenvolvimento da aprendizagem das crianças na educação infantil, é importante ressaltar que a formação desse ou dessa profissional possa possibilitar, no exercício da sua profissão, uma atuação na sala de aula que contemple os objetivos e necessidades dessa modalidade de ensino. Concordo com Zabala (1998, p. 10), quando este destaca que "docentes, independentemente do nível em que trabalham, são profissionais que devem diagnosticar o contexto de trabalho, tomar decisões, atuar e avaliar a pertinência das atuações, a fim de reconduzi-las no sentido adequado".

Um fator importante na capacitação profissional é a atitude do/da docente ao planejar sua tarefa como facilitador/facilitadora da aprendizagem. A prática docente é sempre muito importante no processo de aprendizagem dos/das estudantes, é ela quem orienta o processo de construção do conhecimento, organiza conteúdos, troca experiências, planeja e avalia as aprendizagens. A atividade educativa não é ocasional, ela tem uma intenção, que é garantir que a aprendizagem se efetive. Por isso, cada etapa ou procedimento da ação docente deve ser previsto antecipadamente. Planejamento e avaliação, portanto, são atividades importantes no processo de ensino e aprendizagem, constituindo permanente desafio para quem exerce a tarefa de ensinar.

Especificamente sobre a identidade de professores e professoras, Gatti (1996) afirma que é a maneira individual de ser/estar no mundo e no trabalho. A autora destaca que fatores como os interesses, a motivação, as expectativas e atitudes são os elementos multideterminantes para a construção da identidade profissional do/da docente de educação infantil. Ainda conforme a autora, a identidade deve ser vista como fruto das interações sociais complexas nas sociedades contemporâneas e como expressão sociopsicológica de interação nas aprendizagens, nas formas cognitivas, nas ações dos seres humanos.

Ainda sobre a identidade profissional, Dubar (2005) ressalta um ponto bastante importante. De acordo com ele, existem duas identidades, a individual e a coletiva. Para ele, a identidade individual é uma construção interna, enquanto a identidade coletiva é desenvolvida por meio das relações externas entre o indivíduo constituindo a relação de sujeito/sociedade. Dubar (2005) destaca que a identidade não é algo pronto, mas construído, reconstruído e mantido em relação dinâmica. Ele acredita que a identidade é constituída com base na realidade, portanto de forma individual. A identidade profissional de acordo com Dubar (2005, p.150) é uma "[...] construção pessoal de uma estratégia identitária que mobilize a imagem de si, a avaliação de suas capacidades e a realização de seus desejos [...]", sendo construídas assim, com base em suas identificações criadas na e pela profissão.

Diante do exposto acima, compreendo que a educação infantil e a prática docente são de grande relevância para o desenvolvimento das crianças, podendo oferecer condições para as aprendizagens que ocorrem nas interações e nas situações pedagógicas, bem como as aprendizagens estruturadas por professoras e professores. Acredito que a prática docente na educação infantil deve criar situações para que as crianças possam interagir ampliando suas capacidades de apropriação de conceitos e de aprendizagem por meio da comunicação, da experimentação, da reflexão e da construção de objetos e brinquedos. Para isso, professores e professoras têm um papel fundamental, que é o de conhecer e considerar as peculiaridades e singularidades da educação infantil, suas concepções e práticas.

2

PERCURSOS DA PESQUISA

Conforme anunciado anteriormente, o objetivo principal da pesquisa realizada neste livro foi investigar se/como a prática docente na educação infantil favorece a interação social e inclusão escolar de crianças com diagnóstico de TEA. Para isso, os objetivos específicos definidos foram: 1) caracterizar as interações sociais estabelecidas pelas crianças com TEA com seus pares, professora e mediadora no contexto da educação infantil; 2) caracterizar os episódios de inclusão escolar favorecidos pela professora e mediadora; e 3) analisar as concepções das professoras sobre suas práticas na educação infantil e com crianças com TEA na perspectiva de serem inclusivas. O fenômeno investigado me levou a optar pela abordagem metodológica de natureza qualitativa, que segundo Bogdan e Biklen (1994, p. 47) possui cinco características:

> [...] a fonte direta de dados é o ambiente natural, constituindo o investigador o instrumento principal; é descritiva; interessa-se mais pelos processos do que simplesmente pelos resultados ou produtos; tende a analisar os dados de forma indutiva e tem no significado uma importância vital.

Embora possam trazer informações relevantes, os aspectos quantitativos não são a preocupação principal. Enquanto na pesquisa quantitativa os fatos são investigados, a pesquisa qualitativa preocupa-se com os fenômenos.

Foram realizados três estudos de caso que, segundo Rampazzo (2008, p. 85), "trata-se de uma categoria de pesquisa cujo objetivo é uma unidade que se analisa profundamente". Considero que tal estratégia metodológica permitiu uma maior profundidade no trato com a realidade analisada. Sendo assim, foi o que mais se aproximou das questões aqui propostas, porque as interações das crianças com TEA no contexto escolar, por serem muito peculiares, merecem ser investigadas minuciosamente, bem como a contribuição da prática docente nesse processo. Além disso, o estudo de caso nos permite realizar uma análise detalhada, favorecendo uma maior compreensão do processo observado.

Para compor o universo dessa pesquisa, os participantes foram três crianças com TEA matriculadas na educação infantil de uma escola particular da cidade do Recife e suas três respectivas professoras e mediadoras. Inicialmente, o objetivo era investigar apenas a prática docente, no entanto, ao perceber que, além da professora, a presença da mediadora também promovia interação e inclusão, optei por ampliar a análise incluindo as três medidoras das crianças na pesquisa.

Tabela 1 – Caracterização das crianças participantes da pesquisa

	IDADE	GRUPO / Nº DE CRIANÇAS	PROFESSORA	TEMPO NA ESCOLA
DAVI	4	Infantil 3 / 13	Claudia	2 anos
DIANA	4	Infantil 4 / 13	Nayara	Primeiro ano
DANIEL	5	Infantil 5 / 18	Joana	3 anos

Fonte: a autora

Tabela 2 – Caracterização das docentes participantes da pesquisa

	CRIANÇA	IDADE	FORMAÇÃO	TEMPO DE ATUAÇÃO
CLAUDIA	Davi	44	Graduação em Pedagogia e Pós-graduação em Psicopedagogia Institucional	16 anos na educação infantil da mesma escola
NAYARA	Diana	27	Graduação em Pedagogia e Pós-graduação em Psicopedagogia	4 anos
JOANA	Daniel	38	Graduação em Pedagogia e Pós-graduação em Educação Infantil e em Arte/Educação	19 anos – 10 anos na mesma escola

Obs.: Não consta dados das mediadoras pois inicialmente elas não faziam parte dos objetivos, surgindo na análise e discussão dos dados. As únicas informações sobre elas eram que as

três eram estagiárias, sendo a mediadora de Davi estudante de pedagogia e as mediadoras de Diana e Daniel estudantes de fonoaudiologia.
Fonte: a autora

    O campo de investigação foi uma escola particular do Recife, no estado de Pernambuco, onde tive a oportunidade de exercer o primeiro estágio na educação infantil e o primeiro contato com o autismo, o que contribuiu bastante para minha formação pessoal e profissional. Para a escolha dos/das participantes da pesquisa, inicialmente realizei um levantamento de dados das crianças com diagnóstico de TEA matriculadas na educação infantil, com idades, série e tempo de permanência na escola. A partir dos dados de seis crianças, três foram selecionadas, dois meninos e uma menina, dos grupos III, IV e V. A escolha se deu, tanto por conta do turno em que as três crianças estavam matriculadas, que estava de acordo com a disponibilidade para coleta dos dados, quanto na seleção de uma criança de cada grupo.

    Diante dos relatos das professoras, considero importante também destacar algumas falas que contribuíram para traçar um perfil das crianças a partir de sua visão para facilitar a compreensão de leitoras e leitores a respeito das crianças participantes, conforme segue a tabela a seguir.

Tabela 3 – Caracterização das crianças da pesquisa a partir da visão de suas professoras

	ALTERAÇÕES SENSORIAIS PERCEPTÍVEIS NA ESCOLA	COORDENAÇÃO MOTORA	POSTURA	LINGUAGEM	ATIV. PEDAGÓGICA	DIFICULDADE
PROF. CLAUDIA CR.: DAVI	Lanche com comidas específicas (bolachas e geléias) – Restrição alimentar	Ampla: explorava pouco o espaço, não apresentava muita dinâmica corporal; Fina: precisa de estimulação, mas conseguia executar	Costumava deitar-se ou encostar na professora e mediadora	Pouca fala; Fala ecolálica; poucos gestos	Segue o plano do grupo; em alguns pontos está além; participa das ativ. dinâmicas e estruturadas	Comunicação
PROF. NAYARA CR.: DIANA	Hipersensibilidade auditiva, se incomodando bastante com o toque da sirene da escola	Ampla: Atinge ao proposto para o grupo Fina: apresentou dificuldade inicialmente com o trabalho em sala e com a prof. itinerante conseguiu melhorar e ampliar as habilidades, passando a escrever e tirar do quadro junto ao grupo	Buscava colo em alguns momentos para se apoiar	Utiliza gestos e palavras-chave em alguns momentos; quando não consegue expor o seu desejo chora	Realiza as atividades de maneira independente, necessitando de suporte em alguns momentos. No início do ano eram adaptadas, ao final do ano a criança já estava conseguindo acompanhar o grupo	Coordenação motora fina; comunicação

	ALTERAÇÕES SENSORIAIS PERCEPTÍVEIS NA ESCOLA	COORDENAÇÃO MOTORA	POSTURA	LINGUAGEM	ATIV. PEDAGÓGICA	DIFICULDADE
PROF. JOANA CR.: DANIEL	Inicialmente não tocava em nenhuma textura (tinta, cola), aos poucos, com o trabalho na sala e com a prof. itinerante, foi expandindo; demonstra hipersensibilidade auditiva com sons altos, se incomodando com o toque da sirene da escola	Ampla: participava de todas as atividades (corridas, obstáculos, circuitos, equilíbrio) e respondia bem se compreendesse o comando; Fina: dificuldade com a pinça; inicialmente precisou ser muito trabalhada com o auxílio da prof. itinerante	Boa postura	Inicialmente puxava as pessoas quando desejava algo; durante um tempo emitiu algumas palavras soltas (Ex.: água, abrir), em seguida parou	Participa das atividades estruturadas, levantando-se algumas vezes e voltando; necessita de suporte nas ativ. dinâmicas pois se dispersa em alguns momentos; segue o conteúdo do grupo, porém, em algumas atividades, necessitava de adaptação	Comunicação

Fonte: a autora

A educação infantil foi escolhida por ser o momento em que as crianças estão expandindo suas vivências para além do contexto familiar e construindo novas relações. Nesse contexto, as crianças foram observadas se relacionando com seus pares, com suas professoras e mediadoras. De acordo com a LDB, a educação infantil tem como finalidade o desenvolvimento integral da criança de até cinco anos de idade, em seus aspectos psicológico, físico, intelectual e social, complementando a ação da família e da comunidade. Segundo Barbosa (2006, p. 191) destaca,

> [...] as rotinas pedagógicas da educação infantil agem sobre a mente, as emoções e o corpo das crianças e adultos. É importante que as conheçamos e saibamos como operam, para que possamos estar atentos às questões que envolvem nossas próprias crenças e ações. Afinal, reconhecer limites pode ajudar a enfrentá-los.

Concordo com Kramer (2003, p. 60) quando ela afirma que o pedagógico na educação infantil tem como base a dimensão cultural, ou seja, é a possibilidade de experiência com o conhecimento científico e as diversas interfaces de acesso a este, como a literatura, a música, as artes, a história etc. Além das questões destacadas, a escolha pela educação infantil se deu por esse ser um ambiente no qual as crianças têm mais possibilidades de interação devido à maior presença do brincar. Sendo assim, me possibilitou investigar se/como momentos de interação e de inclusão das crianças com TEA foram favorecidos pelas professoras e mediadoras.

O momento da pesquisa foi dividido em duas etapas distintas. A primeira etapa consistiu na observação, na qual utilizei a gravação de vídeo para registro. Na segunda etapa, realizei uma entrevista semiestruturada com as professoras, a fim de verificar como percebem sua prática docente, a interação social, a inclusão escolar, sua concepção do autismo e se/como sua prática facilita a interação social e a inclusão da criança com TEA em sua turma. Totalizamos nove encontros, sendo dois para o contato inicial com os/as participantes da pesquisa e o campo, seis para realização dos registros videográficos das interações e um para a realização da entrevista semiestruturada. Logo, os instrumentos de coleta de dados utilizados foram: observação, gravação de vídeo e entrevista semiestruturada.

Inicialmente, no primeiro encontro, estabeleci um diálogo com a coordenação da escola para apresentação da pesquisa. Posteriormente, com as professoras e responsáveis pelas crianças participantes do estudo, com a finalidade de apresentar a pesquisa, seus objetivos e obter seu consentimento para a participação.

A observação não-participante, na qual a pesquisadora ou o pesquisador entram em contato com o grupo participante da pesquisa mas sem integrar-se a ele (permanecendo de fora), dentro e fora da sala de aula também foi utilizada, com o uso de gravações de vídeo para registro. As crianças foram observadas no contexto natural de inclusão escolar em momentos de interação com seus pares, professoras e mediadoras. Foram realizadas seis observações gravadas por vídeo, sendo uma por semana. Nesse período, a observação teve como foco a interação das crianças com TEA com seus pares, professoras e mediadoras, a inclusão das crianças com seus respectivos grupos e perceber como a prática docente favorece esses momentos. De acordo com Lakatos e Marconi (2009, p. 192), a observação "é uma técnica de coleta de dados para conseguir informações e utiliza os sentidos na obtenção de determinados aspectos da realidade. Não consiste apenas em ver e ouvir, mas também em examinar fatos ou fenômenos que se desejam estudar".

As gravações de vídeo foram utilizadas com o objetivo de produzir registros que possam ser tomados como fonte para investigações mais minuciosas e compreensão do fenômeno. Segundo Loizos (2008, p. 149), o registro em vídeo torna-se necessário "sempre que algum conjunto de ações humanas é complexo e difícil de ser descrito compreensivamente por um único observador, enquanto este se desenrola", apontando como exemplos a hora de ensino em sala de aula e brincadeiras de crianças no pátio da escola. Nessa conjuntura, Sadalla e Larocca (2004), destacam que a gravação de vídeo também é apropriada para estudar fenômenos complexos como a prática pedagógica que sofre simultaneamente diversas interferências de múltiplas variáveis. Para elas, "a videogravação permite registrar, até mesmo, acontecimentos fugazes e não-repetíveis que muito provavelmente escapariam a uma observação direta" (p. 423). Os momentos de interação da criança com seus pares, professoras e mediadoras foram videogravados dentro e fora de sala de aula, durante as aulas e o momento de recreação. Em cada dia de observação as crianças foram filmadas em três situações diferentes, por exemplo, momento da roda de conversa, atividade pedagógica e recreação, pelo período de seis encontros, para que fosse feita uma análise dos episódios de interação social e inclusão escolar.

Após as observações, a entrevista semiestruturada foi o recurso utilizado com as professoras, a fim de obter informações sobre seu perfil profissional, sobre o perfil da criança com TEA, conhecer um pouco sobre a experiência da professora, a participação da escola nesse processo, o desempenho da criança no contexto escolar a partir da perspectiva da professora e sua concepção sobre sua prática docente. Segundo Bogdan e Biklen (1994), a entrevista semiestruturada permite que o/a pesquisador/pesquisadora obtenha dados comparáveis entre os vários sujeitos, podendo ela ser utilizada após o trabalho de investigação. Estas devem seguir um roteiro básico, mas flexível, procurando guiar o/a pesquisador/pesquisadora por meio dos principais tópicos da pesquisa.

Dessa forma, o percurso metodológico que norteou a coleta de dados para este livro foi 1) observar para compreender as interações e prática docente em contexto espontâneo, tanto em sala de aula quanto fora dela, utilizando a videogravação e a observação não participante como recurso para posterior análise; e 2) realizar a entrevista semiestruturada com as professoras.

Considerando que lidamos com crianças em faixa etária abaixo de seis anos e que apresentam dificuldades nas áreas de comunicação (o que limita as interações verbais) a observação e videogravação da interação da criança no contexto escolar tem como objetivo principal considerar seus gestos, expressões, movimentos etc. Para analisar os dados utilizei a Análise Interacional que, de acordo com Jordan e Source (1995), é um método de investigação empírica da interação do ser humano com os outros e com os objetos em seu ambiente, que "investiga as atividades humanas, como a conversa, a interação não-verbal e o uso de artefatos e tecnologias, identificando práticas e problemas de rotina e os recursos para sua solução" (p. 39). Ainda segundo os autores, a Análise de Interação encontra seus dados básicos nos detalhes de interações sociais no tempo e no espaço e, em particular, nos que ocorrem naturalmente, como por exemplo nas interações diárias entre membros de determinada comunidade. Seu objetivo principal consiste em identificar regularidades nas formas em que os participantes utilizam os recursos do mundo social e material.

Nesse tipo de análise, é possível se observar o discurso dos participantes, olhar, fala, comportamentos não-verbais, tais como mudanças na posição do corpo, gestos, forma como manipulam objetos, processamento de documentos e de uso de certas tecnologias. Uma transcrição que não contém informações sobre as pausas na conversa, no olhar, ou mudanças na posição do corpo, obviamente, não pode suportar uma análise em que esses elementos desempenham um papel. "Na interação, um conjunto de elementos – espaço físico, objetos, adereços, e também gestos, posturas, sons, palavras – são apropriados pelos indivíduos que lhes emprestam a si mesmos significados atualizados" (OLIVEIRA; ROSSETTI-FERREIRA, 1988, p. 199). Nessa conjuntura, nas videogravações foi possível observar o contexto sociocultural, linguagem, uso de ferramentas, ações dos sujeitos e significações atribuídas a todos esses elementos pelos/pelas participantes. Vale ressaltar que o conceito de *inclusão* adotado para analisar as observações dos vídeos, foi o exposto por Sassaki (2003), quando este destaca que a inclusão surge com base no princípio de que a sociedade é para todos e todas, para que todos/todas tenham acesso aos mesmos espaços, que possam usufruir dos mesmos direitos e ter os mesmos deveres. Portanto cabe à sociedade eliminar todas as barreiras físicas, programáticas e atitudinais para que as pessoas com necessidades específicas possam ter acesso aos serviços, lugares, informações e bens necessários ao seu desenvolvimento pessoal, social e educacional. Com base nisso, com essa análise busquei:

1. Identificar os principais elementos na interação social das crianças com TEA e seus pares, professoras e mediadoras;
2. Descrever como essa interação acontece, ou seja, a forma como as crianças interagem e seus parceiros interacionais;
3. Investigar se a prática da professora e da mediadora contribuem ou não nesses momentos de interação e inclusão da criança com o grupo.

A tecnologia de vídeo foi o principal recurso utilizado para registros na Análise Interacional. Registros de vídeos são úteis para extrair informações detalhadas, além de aproximar a/o pesquisadora/pesquisador dos eventos reais, mais que a realização de perguntas aos sujeitos.

> O vídeo registra eventos sociais como eles ocorrem e com um nível de detalhe que é inatingível para os métodos que dependem de reconstrução [...] a fixação audiovisual mecânica de um evento, produz dados muito mais próximo do evento em si do que outros tipos de representação (JORDAN; SOURCE, 1995, p. 51).

Então, uma das razões para confiar nessa tecnologia como a forma mais adequada de coletarmos os dados é a permanência do registro primário em toda a sua riqueza. Isso possibilita um número ilimitado de visões e audições. Além disso, um vídeo pode ser reproduzido em câmera lenta ou em modo acelerado, expondo assim os padrões de outra forma invisíveis nos movimentos de pessoas ou artefatos.

De acordo com Knoblauch (2012), o vídeo é muitas vezes utilizado a fim de analisar a interação social dentro da moldura de experiências; é o estudo da interação social em suas configurações naturais. Por cenários naturais entende-se que, em geral as/os pesquisadoras/pesquisadores não tentam criar as situações que estudam, mas tentam gravar interações onde e como acontecem naturalmente, sem intervenção.

Além disso, o recurso da videogravação permite também olhar para detalhes da interação considerando as contribuições de diferentes interlocutores, uma vez que permite que a mesma situação seja vista diversas vezes, cada vez pode ter como foco um dos/das participantes da interação, o que é muito comum em contexto de sala de aula. Isso permite uma melhor compreensão de todo contexto, bem como do detalhamento da contribuição de cada pessoa para a interação.

Assim, entendo que, a análise interacional, junto ao estudo de casos e análise das entrevistas, favoreceu a compreensão da interação social e inclusão escolar da criança com autismo e seus pares, professoras e mediadoras na educação infantil, facilitando assim uma explicitação dinâmica do funcionamento desse fenômeno, pois o foco da investigação não foi a criança vista isoladamente, mas sim a relação dinâmica entre ela e outras pessoas que compartilharam a interação, bem como a influência de participantes com mais experiência nesse processo. Considero que a análise videográfica das interações em contexto espontâneo me possibilitou também investigar de que forma parceiros e parceiras interacionacionais contribuem ou não para uma melhor qualidade na interação a partir do seu comportamento, considerando que se influenciam mutuamente.

2.1 Considerações e Cuidados Éticos

> *Como presença consciente no mundo não posso escapar à responsabilidade ética no meu mover-me no mundo.*
> *(FREIRE, 1997, p. 21)*

A ideia-chave que norteia essa reflexão é o respeito à pessoa-participante da pesquisa realizada neste livro, respeito que envolve aproximação cautelosa, relação afetuosa e interação sigilosa. É com essa ideia que inicio a reflexão sobre cuidados éticos na pesquisa.

A ética existe como uma referência para os seres humanos em sociedade, com a finalidade de contribuir para que a sociedade se torne cada vez mais humana. De acordo com Freire (1997), o fato de homens e mulheres terem consciência de sua inconclusão faz com que sejam seres éticos, capazes de optar e de decidir, faz com que sejam seres de liberdade e de responsabilidade. Sendo assim, a ética é indispensável ao existir e à convivência humana.

A relação entre ética e ciência é considerada por Vieira e Hossne (1998) como um dos maiores problemas da atualidade. Assumir responsabilidade na e com a pesquisa é assumir a presença do outro, respeitando-o como pessoa. É ter consciência que o ato de pesquisar não é neutro, constituindo-se em uma ação histórica e ético-política.

Com base no exposto acima, essa pesquisa comprometeu-se com os princípios éticos que visam proteger os direitos, a dignidade e o bem-estar dos/das participantes. Como norteadores, considerei os seguintes princípios: 1) Obtenção do termo de consentimento livre e esclarecido para participação na pesquisa; 2) Avaliação dos riscos e benefícios gerados com a pesquisa; e 3) Cuidado para que os procedimentos da pesquisa não gerassem danos ou desconfortos aos/às participantes.

No que se refere à *obtenção do termo de consentimento livre e esclarecido*, a pesquisa foi realizada com as crianças cujos responsáveis autorizaram a sua participação e com profissionais que aceitaram participar. No termo, assinado pelas participantes e responsáveis pelas crianças, os objetivos e procedimentos da pesquisa foram explicitados, bem como busquei assegurar a privacidade dos/das participantes e confidencialidade quanto à identidade e demais informações pessoais.

Considerando agora os princípios *avaliação dos riscos e benefícios* e *não geração de danos aos/às participantes*, os procedimentos metodológicos de construção dos registros da presente pesquisa envolveram atividades do cotidiano da criança de modo que, em princípio, não implicaram em qualquer risco a sua integridade física e/ou psicológica e bem-estar. De nenhuma maneira as crianças foram filmadas despidas ou em alguma situação mais íntima. Além disso, tais procedimentos foram planejados com o cuidado de evitar colocar a criança em qualquer situação que pudesse lhe gerar desconforto. Contudo estive atenta a qualquer sinal de desconforto que pudesse ser apresentado pela criança. Assim, assegurei os recursos humanos e materiais necessários que pudessem garantir o bem-estar dos/das participantes da pesquisa.

3

ANÁLISE E DISCUSSÃO DOS RESULTADOS

O objetivo deste capítulo é apresentar os resultados construídos na pesquisa realizada neste livro. Destaco que são referentes ao que foi vivenciado no decorrer das observações videográficas das interações no ambiente escolar e das entrevistas semiestruturadas realizadas com as docentes da educação infantil. Os resultados são, também, fruto de um percurso teórico-metodológico e de vivências práticas empreendido ao longo da construção deste livro.

No total, realizei a análise de 5:58:46 horas de interação entre as crianças com TEA, suas respectivas professoras, mediadoras e seus pares no contexto de inclusão escolar da educação infantil. Os resultados serão apresentados considerando duas partes. A primeira com a análise dos vídeos e a segunda com a análise das entrevistas, ambas divididas em duas sessões, uma de interação social e outra de inclusão escolar.

A análise e definição dos momentos de interação dos vídeos partem das definições apresentadas no capítulo anterior dos percursos da pesquisa e considera a análise interacional como norteadora da investigação. Como mencionado anteriormente, entende-se aqui por interação social toda situação na qual um dos parceiros interacionais se dirigem ao outro, posicionam o corpo de modo a iniciar uma troca comunicativa, trocam gestos, olhares, sons, falas e expressões, ou seja, sempre que a ação de um sujeito interferir no comportamento do outro. As características das interações sociais estabelecidas pelas crianças com TEA com seus pares, professora e mediadora no contexto da educação infantil serão apresentadas descrevendo: 1) principais elementos na interação social das crianças com TEA, de acordo com os episódios videogravados; 2) o ambiente, materiais e contexto de cada episódio; 3) como essa interação acontece, ou seja, a forma como as crianças interagem e seus parceiros interacionais. Para isso, a concepção de interação adotada considera: fala, gestos, expressões, movimentos corporais, olhares, mudança de posição do corpo, sons, palavras, utilização de ferramentas, ações e adereços/objetos. Esse percurso de apresentação/discussão será seguido para cada uma das interações investigadas.

Além disso, para compreender de que modo a prática docente favorece a inclusão, acredito ser importante entender as ações que envolvem a criança com TEA nas atividades, brincadeiras, participação com o grupo eliminando as barreiras que possam existir para que as crianças tenham acesso aos diversos momentos no contexto escolar com o grupo do qual faz parte, de modo que possa contribuir para o seu desenvolvimento pessoal, social e educacional. É dessa maneira que entendo inclusão escolar nessa pesquisa e utilizo essa definição como parâmetro para guiar a análise dos registros. Dessa forma, foram essas definições comportamentais sobre interação e inclusão que nortearam o olhar para análise e discussão dos vídeos.

Como destacado na metodologia, durante essa pesquisa, três crianças com diagnóstico de TEA, suas respectivas professoras e mediadoras foram acompanhadas no contexto da educação infantil. Inicialmente, meu olhar estava voltado para a prática docente, no entanto, nos dados a prática pedagógica emergiu e se constituiu como bastante relevante aos objetivos da pesquisa. Em função disso, essa também foi analisada e será apresentada nos dados. Sendo assim, as interações descritas incluem as crianças com suas respectivas professoras, mediadoras e com seus pares.

Durante a apresentação dos episódios, utilizo nomes fictícios para descrever as/os participantes da pesquisa, de modo a preservar suas identidades. Ao todo foram seis tardes de observação e vídeo gravação, sendo uma por semana, no total foram analisados 94 episódios, distribuídos conforme a tabela a seguir:

Tabela 4 – Episódios da pesquisa

	INTERAÇÃO			INCLUSÃO	
	PROFESSORA	MEDIADORA	PARES	PROFESSORA	MEDIADORA
DAVI	10	0	13	4	1
DIANA	15	9	13	3	1
DANIEL	3	8	11	0	3
TOTAL	28	17	37	7	5

Fonte: a autora

Como consta na tabela acima, foi possível observar mais episódios de interação entre as crianças e seus pares, em seguida com as professoras e mediadoras. A partir destes, um episódio de cada criança foi selecionado para ser apresentado como ilustrativo de cada uma das categorias anteriormente mencionadas. Como ilustram as próximas tabelas que serão apresentadas a seguir, algumas categorias não apresentam episódios de todas as crianças, isso porque não foram encontrados episódios da mesma. No total, serão apresentados 36 episódios, sendo 16 da interação entre a criança e a professora ou mediadora; 11 da interação entre a criança e seus pares; e nove da categoria inclusão escolar. Tais episódios foram selecionados por ilustrarem melhor as características das trocas interacionais entre os sujeitos da pesquisa em cada categoria.

Como critério para demarcar o início de um episódio, o primeiro indício de troca interacional de um dos parceiros foi considerado. Para demarcar o final, considerei a identificação do último comportamento de um dos sujeitos. No caso de episódios em que houve uma pausa entre os momentos de interação, quando esse intervalo mostrou-se maior que 10 segundos, foi considerado como um novo episódio. Dessa forma, serão apresentados alguns episódios com subtópicos, considerando as pausas existentes. Dentre todo material coletado, foram selecionados os mais representativos de acordo com os aspectos pontuados na análise.

3.1 A interação social da criança com diagnóstico de TEA no contexto da educação infantil

Nessa sessão apresento as categorias que emergiram na interação da criança com TEA com sua professora, mediadora e com seus pares. Em minha ida para campo, nenhuma das categorias estava previamente definida, contava apenas com a definição de interação social e inclusão escolar e, a partir desse olhar, analisei o material percebendo quais categorias emergiram da análise. Dos dados, emergiram seis categorias no processo de interação da criança com a professora e a mediadora no contexto da educação infantil, são elas: atividade lúdica (03), brincadeira com movimento (03), direcionamentos (18), questionamentos (08), suporte na atividade (12) e suporte na brincadeira (01); e cinco categorias no processo de interação entre os pares, são elas: brincadeira com movimento (05), imitação (02), iniciação (10), iniciação do/da colega (09) e interesse por objetos (11).

Na interação entre a criança e a professora ou mediadora, nos episódios da categoria *atividade lúdica*, se enquadram aqueles relativos aos jogos recreativos que exploram brincadeiras. Na categoria *brincadeira com movimento*, os episódios envolvem brincadeiras dinâmicas em que os corpos não permanecem parados. Na categoria *direcionamentos*, identifiquei episódios com as coordenadas que são dadas às crianças no decorrer do dia, em atividades ou em brincadeiras, nesses episódios estão os comandos verbais e as indicações de como a criança deve orientar seu comportamento. Os episódios agrupados na categoria *questionamentos* envolvem a comunicação verbal com a utilização de perguntas por parte das professoras/mediadoras. Enquanto na categoria *suporte na atividade*, destaquei o apoio oferecido às crianças nas atividades quando elas necessitam de alguém mais experiente para conseguir executar ou para ajudá-la na execução. Por último, *suporte na brincadeira* é referente ao apoio oferecido no momento de expansão do brincar, quando a criança se depara com um problema para solucionar, por exemplo, não consegue resolver de maneira independente e necessita do suporte de alguém mais experiente.

Na interação entre a criança e seus pares, os episódios da categoria *brincadeira com movimento*, envolvem aqueles em que a criança com TEA junto a uma ou mais crianças dividiram brincadeiras com os corpos em movimento. Na categoria *imitação*, são episódios que retratam a criança com TEA imitando um de seus pares nas interações. Os episódios da categoria *iniciação* trazem à tona os momentos em que a criança com TEA inicia a interação com um de seus pares, enquanto a categoria *iniciação do/da colega* apresenta os episódios em que os pares iniciaram a interação com a criança. Por fim, a categoria *interesse por objetos*, apresenta os momentos em que a criança com TEA iniciou episódios de interação a partir do seu interesse pelo objeto de outra criança.

Para cada uma das categorias, serão apresentados um episódio de cada criança. Ressalto que, conforme ilustra as tabelas apresentadas a seguir, algumas categorias não apresentam episódios de todas as crianças. Por esse fator, os episódios que não forem apresentados referentes a uma das três crianças da pesquisa se justifica pelo fato de serem inexistentes.

Tabela 5 – Episódios de interação com a professora e a mediadora

	ATIV. LÚDICA		BRINC. COM MOVIMENTO		DIRECIONAMENTOS		QUESTIONA-MENTOS		SUPORTE NA ATIVIDADE		SUPORTE NA BRINC.	
	Prof.	Med.	Prof.	Med.	Prof.	Med.	Prof.	Med.	Prof.	Med.	Prof.	Med.
DAVI	1	0	0	0	0	0	4	0	4	0	1	0
DIANA	1	0	0	2	9	5	2	2	3	0	0	0
DANIEL	1	0	0	1	0	4	0	0	2	3	0	0
TOTAL	3	0	0	3	9	9	6	2	9	3	1	0

Fonte: a autora

Conforme visto acima: 1) não foram encontrados episódios das categorias *atividade lúdica* e *suporte na brincadeira* com nenhuma das mediadoras; 2) não foram encontrados episódios da categoria *brincadeira com movimento* com nenhuma das professoras; 3) a categoria *direcionamentos* apresentou o maior número de episódios; 4) a categoria *suporte na brincadeira* apresentou o menor número de episódios; e 5) não houve nenhum episódio de interação com a mediadora e Davi.

A seguir, são apresentadas as categorias que emergiram da análise da interação entre a criança e seus pares.

Tabela 6 – Episódios de Interação com os pares

	BRINCADEIRA COM MOVIMENTO	IMITAÇÃO	INICIAÇÃO	INICIAÇÃO DO/DA COLEGA	INTERESSE POR OBJETOS
DAVI	4	2	2	5	0
DIANA	0	0	5	2	6
DANIEL	1	0	3	2	5
TOTAL	5	2	10	9	11

Fonte: a autora

De acordo com a tabela, a categoria *interesse por objetos* apresenta o maior número de episódios, no entanto, nenhum de Davi; a categoria *imitação* apresenta o menor número de episódios, porém apenas de Davi; e as categorias *iniciação e iniciação do/da colega* foram as únicas que tiveram episódios de todas as crianças. A partir disso, veremos a seguir a discussão a respeito das categorias e episódios mencionados.

3.1.1 Episódios de interação com a professora e com a mediadora

3.1.1.1 Atividade lúdica

Tabela 7 – Criança 1

CRIANÇA 1			
NOME	Davi	**TEMPO NA ESCOLA**	2 anos
SÉRIE/IDADE	Infantil 3/ 4 anos	**PROFESSORA**	Claudia

Fonte: a autora

Episódio – Professora

Marcação temporal: Dia 3 (2:37 – 3:06)

Contexto: Todas as crianças do grupo estão sentadas na roda com a professora e uma criança tem que ir ao meio dançar a música "Roda o pião" [rodando e parando no momento adequado] enquanto a professora canta com o grupo e todos batem palmas. Inicialmente vão quatro colegas, um de cada vez, e Davi observa.

Início do episódio

Em 2:37 a professora levanta o dedo indicador e diz "Agora eu vou chamar um menino que começa com a letra D. Quem?" e as crianças do grupo respondem "Davi!". Em seguida a professora sorrindo diz "Davi!". A criança, que estava sentada ao lado da professora, levanta no mesmo instante e se dirige para o centro da roda. Todos começam a cantar e Davi roda olhando de lado com a visão periférica enquanto gira, na hora que o grupo diz "Pow!" [momento de parar e se abaixar] a criança olha para a professora e abaixa colocando as duas mãos no chão. A professora diz "Muito bem!" [bate palmas] A criança levanta e a professora diz "Davi, de novo, de novo, Davi! Pow!" e a criança repete a ação colocando as mãos no chão e se sentando. A professora bate palmas sorrindo e diz "Êêê!".

Tabela 8 – Criança 2

CRIANÇA 2			
NOME	Diana	**TEMPO NA ESCOLA**	Primeiro ano
SÉRIE/IDADE	Infantil 4/ 4 anos	**PROFESSORA**	Nayara

Fonte: a autora

Episódio – Professora

Marcação temporal: Dia 4 (3:00 – 3:25)

Contexto: As crianças estão fantasiadas no auditório, as cadeiras estavam ao redor do espaço formando um grande salão no centro, espaço amplo e com quatro turmas, duas do infantil 5 e duas do infantil 4, totalizando um grande número de crianças. O som toca músicas infantis e as crianças estão dançando e brincando. Em alguns momentos Diana se senta sozinha em uma das cadeiras no fundo da sala, põe as mãos nos ouvidos por conta do volume do som, caminha na sala, corre, pula de cócoras, para e observa.

Início do episódio

Aos 3:00 a professora se aproxima, Diana está pulando e se deita ao chão logo em seguida, ambas fantasiadas de princesas. Em 3:04 a professora se abaixa na altura da criança e a ajuda a levantar em 3:07. Diana fica em pé e a professora está parada na sua altura [com um dos joelhos no chão]. Diana olha para professora e coloca uma de suas pernas em cima do joelho da professora que a abraça em 3:10 colocando a criança no braço, a abraçando forte e dançando com ela a música que toca, Diana sorri com os braços entrelaçados no pescoço da professora e abraçando-a enquanto dançam.

Tabela 9 – Criança 3

CRIANÇA 3			
NOME	Daniel	**TEMPO NA ESCOLA**	3 anos
SÉRIE/IDADE	Infantil 5/ 6 anos	**PROFESSORA**	Joana

Fonte: a autora

Episódio – Professora

Marcação temporal: Dia 4 (0:27 – 0:50)

Contexto: As crianças estão fantasiadas no auditório, as cadeiras estão ao redor do espaço formando um grande salão no centro, espaço amplo e com quatro turmas, duas do infantil 5 e duas do infantil 4, totalizando um grande número de crianças. O som estava tocando e as crianças, professora e mediadora estavam dançando a música *Estátua* da Xuxa. Daniel circula entre todos, correndo, pulando e brincando com sua sombra, em alguns momentos, tapando os ouvidos, aparentemente por conta da altura do som.

Início do episódio

A professora pega Daniel pelas duas mãos para dançar com ela, a criança pula e os dois dançam juntos por 10 segundos, Daniel solta uma das mãos e tapa o ouvido, a professora o abraça rapidamente. Daniel põe suas duas mãos nos seus ouvidos e a professora continua a dança com ele, girando a criança no momento que a música diz "A gente vai ter que rodar...". Aos 0:50 o solta e a criança se afasta.

Reflexão sobre os episódios da categoria Atividade Lúdica

Nos episódios dessa categoria, é possível perceber atividades que envolvem menos estrutura, utilizando-se da brincadeira e música para envolver a criança. De acordo com Vigotski (2007) é por meio da brincadeira que a criança reproduz o discurso externo e o internaliza, construindo seu próprio pensamento. No episódio da criança 1, vemos um exemplo de reprodução do que acontecia externamente, no qual a criança conseguiu executar de maneira adequada. De acordo com o autor, esse é o passo inicial para o processo de apropriação cultural, pois, inicialmente, a ação é interpessoal para que, com o processo de internalização, se transforme em intrapessoal.

Nos três episódios é possível perceber aspectos sensoriais das crianças. No episódio da criança 1, quando ela permanece girando e olhando de lado por meio da visão periférica; e no episódio da criança 3, quando ela brinca com sua sombra, é possível perceber que estão se estimulando visualmente. Nos episódios das crianças 2 e 3, que aconteceram no mesmo contexto, ambas as crianças demonstraram hiperresponsividade auditiva, uma sensibilidade acentuada aos estímulos auditivos presentes no ambiente, protegendo seus ouvidos por conta da altura do som e mantendo-se afastadas no ambiente. Acredito que esse fator pode ter interferido na interação com a professora e com as crianças no espaço, pois diversas vezes elas se afastaram do som com as mãos nos ouvidos. O mesmo episódio que se repetiu diariamente quando a sirene da escola tocava e as duas crianças protegiam os ouvidos. De acordo com Greenspan (2000, p. 26), "como seus sentidos podem ficar sobrecarregados tão facilmente, eles tendem a ser mais cautelosos quando interagem com o mundo". Nesse contexto, é fundamental se pensar em estratégias de *acomodações sensoriais e pedagógicas* – que defino como estratégias criadas para facilitar a participação de pessoas com comprometimentos nos sistemas sensoriais – como meio facilitador da interação e da inclusão de crianças com autismo na escola. Apesar de tais fatores, foi possível perceber que, com a iniciação da professora, houve uma troca interacional, mas que essa troca poderia ter uma qualidade bem melhor se houvesse um ambiente mais bem estruturado para suas especificidades.

Considero importante destacar as atividades lúdicas como fundamentais, pois é por meio delas que a criança reproduz, explora o universo da imaginação e do faz-de-conta, criando, reelaborando, inventando, aprendendo e construindo seu pensamento, ações fundamentais para atividade criadora humana. Além disso, na importância de se pensar em estratégias sensoriais que possa favorecer o desenvolvimento pleno das crianças no contexto escolar.

3.1.1.2 Brincadeira com movimento

Nessa categoria, não houve episódios da criança 1 com sua professora e mediadora, por esse fator, não serão apresentados.

Tabela 10 – Criança 2

CRIANÇA 2			
NOME	Diana	**TEMPO NA ESCOLA**	Primeiro ano
SÉRIE/IDADE	Infantil 4/ 4 anos	**PROFESSORA**	Nayara

Fonte: a autora

Episódio – Mediadora

Marcação temporal: Dia 2 (1:35 – 1: 46; 1:57– 2:25)

Contexto: Diana está no balanço do parque durante o momento do recreio e a mediadora posicionada atrás dela empurrando o balanço. [São apresentados dois episódios do mesmo vídeo que aconteceram consecutivamente durante a brincadeira porque entre os dois houve um intervalo maior que 10 segundos.]

Início do episódio 1. 1

Em 1:35 a mediadora para de balançar a criança e pergunta "Você quer balançar?". Diana diz "Balançar." e a mediadora volta a empurrar o balanço.

Início do episódio 1. 2

Em 1:57 a mediadora para de balançar a criança e se posiciona em sua frente iniciando uma interação verbal.

Mediadora: – Você quer o que, Diana?

Criança: – Vai.

Mediadora: – Vai pra onde?

Criança: – Vai pra onde.

Mediadora: – Pra trás, é?

Criança: – Pra trás.

Mediadora: – Você quer que eu vá pra trás de você, balançar você? É Diana?

Criança: – Balançar você.

Mediadora: – É, Diana? Diga...

Criança: – É Diana...

Mediadora: – Não, diz balançar.

Criança: Diz balançar.

A mediadora dá um beijo em Diana, volta a empurrar o balanço e ela sorri enquanto é balançada.

Tabela 11 – Criança 3

CRIANÇA 3			
NOME	Daniel	TEMPO NA ESCOLA	3 anos
SÉRIE/IDADE	Infantil 5/ 6 anos	PROFESSORA	Joana

Fonte: a autora

Episódio – Mediadora

Marcação temporal: Dia 5 (0:00 – 0:40)

Contexto: No momento de recreação, Daniel está sentado no balanço e a mediadora se posiciona em sua frente o balançando.

Início do episódio

A mediadora empurra Daniel sorrindo e baixando a cabeça a cada vez que o empurra com as mãos, a criança sorri enquanto olha para ela, demonstrando prazer. Aos 0:10 a mediadora posiciona as duas mãos abertas à frente da criança, o balanço se aproxima uma vez e a criança não bate nas mãos dela, mas permanece olhando e sorrindo, a mediadora então baixa uma das mãos e mantém apenas a mão direita. Quando o balanço se aproxima pela segunda vez a criança bate com a mão esquerda sorrindo. Ela troca a mão, colocando agora a mão esquerda e apontando para a mão direita de Daniel que está segurando o balanço, a criança está sorrindo e não segue o comando. No entanto, quando ela retorna com a mão direita ele bate com a esquerda novamente. Quando a mediadora alterna a mão pela segunda vez em 0:30, a criança faz a alternância e ambos brincam nessa troca por três vezes.

Reflexão sobre os episódios da categoria Brincadeira com movimento

Os episódios dessa categoria mostram brincadeiras que envolvem movimento e troca interacional, que oferecem o estímulo vestibular para as crianças e não envolvem alto grau de complexidade, sendo fácil e prazeroso para elas participarem desses momentos. Acredito que é na brincadeira que a criança, sobretudo no período pré-escolar, assimila as funções sociais das pessoas e os padrões apropriados de comportamento, e esse é um momento muito importante de troca e aprendizado.

Vigotski (2007) atribui um importante papel ao ato de brincar na constituição do pensamento infantil. Para o autor, é brincando, jogando, que a criança demonstra seu estado cognitivo, visual, motor, tátil, auditivo, a maneira como aprende e passa a entrar em uma relação cognitiva com o mundo, com as pessoas, objetos e símbolos.

De acordo com Kramer (2006, p. 810), "o cuidado, a atenção, o acolhimento estão presentes na educação infantil; a alegria e a brincadeira também. E, nas práticas realizadas, as crianças aprendem". Sendo assim, na educação infantil deve ser assegurado o direito de brincar, fundamental para o desenvolvimento cognitivo, social, linguístico e sensório-motor da criança.

No primeiro episódio vemos um exemplo de questionamentos por parte da mediadora e da linguagem ecolálica utilizada pela criança, quando ela repete o que está sendo dito pela mediadora, com o intuito de informá-la que deseja dar continuidade à brincadeira que está lhe despertando prazer. No segundo episódio, observamos o mesmo contexto e brincadeira, no entanto, as respostas gestuais e corporais da criança, se diferenciam. Em ambos os episódios vemos interação e troca comunicativa, porém a qualidade da troca é impactada pela diferença entre as posturas das parceiras interacionais mais experientes.

Ambas as crianças demonstram interesse, conexão e prazer durante a brincadeira. Contudo, no segundo episódio, a posição da mediadora [na frente da criança], suas expressões, gestos, maneira de interagir com a criança, ampliaram a troca interacional, bem como facilitaram a demonstração de prazer por parte da criança com sorrisos, olhares e retribuição dos gestos. No primeiro caso, o posicionamento atrás do balanço é um fator que diretamente já diminui as chances de ampliação dessa troca, bem como o fato de parar o balanço e levantar questionamentos para criança em busca de uma troca verbal. A interação e a comunicação não se restringem à fala; é possível que haja uma rica troca entre pessoas envolvidas na interação sem envolver palavras, com gestos, expressões, olhares e sorrisos, da mesma maneira que é possível que haja uma comunicação que envolva fala na qual a qualidade da troca seja prejudicada e com experiências pouco significativas.

Considerando as dificuldades comunicacionais no autismo, as/os parceiras/parceiros de interação mais experientes devem sempre envolver gestos, expressões, olhares e animação na interação, mostrando envolvimento e prazer na troca com a criança. Envolver a criança na brincadeira, engajar com ela e construir situações prazerosas de base afetiva, contribuirá diretamente com seu desenvolvimento cognitivo.

3.1.1.3 Direcionamentos

Nessa categoria, não houve episódios da criança 1 com sua professora e mediadora, por esse fator, não serão apresentados.

Tabela 12 – Criança 2

CRIANÇA 2			
NOME	Diana	**TEMPO NA ESCOLA**	Primeiro ano
SÉRIE/IDADE	Infantil 4/ 4 anos	**PROFESSORA**	Nayara

Fonte: a autora

Episódio – Professora

Marcação temporal: Dia 2 (2:07 – 2:17)

Contexto: Todas as crianças da turma estão sentadas nas mesas para realização de atividade pedagógica estruturada, ao lado de Diana está sua colega Ester.

Início do episódio

Em 2:07 Diana vira-se para o lado da colega puxando seu braço, olhando em seus olhos e sorrindo. A colega corresponde puxando seu braço de volta na brincadeira. A professora diz "Ester peça pra Diana prestar atenção. Diga assim: não é hora Diana.", as duas ainda estão no movimento de puxar os braços e movimentar o corpo e sorrindo. Ester diz "Não é hora, Diana." e a professora complementa "Presta atenção. Diana, aqui ó!". E as duas viram para frente.

Episódio – Mediadora

Marcação temporal: Dia 1 (4:02 – 4:38)

Contexto: A turma de Diana está na área externa realizando atividade sobre o trânsito com carrinhos de brinquedo na pista existente no pátio da escola.

Início do episódio

Diana para junto ao grupo e abaixada começa a colocar areia em seu carrinho; nesse momento a mediadora diz "Não pode colocar areia." [enquanto vira seu carrinho para tirar a areia e gesticula com a mão que *não*]. A criança coloca a areia na boca e a mediadora diz "Nem na boca, não pode não!" [enquanto gesticula que não]. Diana para de colocar na boca e de colocar a areia no carro. A mediadora pega em sua bochecha delicadamente e diz "Bota pra fora!", limpa a boca da criança e diz "Não pode não!". Nesse momento, Diana apenas olha para baixo para o seu carrinho e para a areia, sem alterar expressões ou compartilhar o olhar com a mediadora. No entanto, atende ao comando e não repete a ação.

Tabela 13 – Criança 3

CRIANÇA 3			
NOME	Daniel	**TEMPO NA ESCOLA**	3 anos
SÉRIE/IDADE	Infantil 5/ 6 anos	**PROFESSORA**	Joana

Fonte: a autora

Episódio – Mediadora

Marcação temporal: Dia 3 (0:07 – 0:09)

Contexto: As crianças estão saindo da sala para ir para o recreio. Na telhoça [espaço coberto localizado no centro do pátio] existem várias crianças, Daniel está na frente da sua sala ao lado da mediadora.

Início do episódio

Em 0:07 a mediadora se aproxima de Daniel que olha para ela. Ela aponta para telhoça, lugar que já tem várias crianças brincando, a criança olha e sai correndo em direção ao local.

Reflexão sobre os episódios da categoria Direcionamentos

Nos episódios dessa categoria é possível perceber a influência do direcionamento da professora e da mediadora no comportamento da criança. Em todos os episódios as crianças atendem aos comandos dados pela professora ou mediadora. É possível perceber que, para que isso aconteça, é necessário inicialmente que a criança compartilhe sua atenção, pois, com uma atenção fragmentada e com dificuldade para compartilhar essa atenção, a criança poderia apresentar dificuldades para receber o comando, processar e responder adequadamente. De acordo com Louro (2012, p. 84), "as informações, sejam quais forem, adentram nosso cérebro por meio dos sentidos. Mas isso só acontecerá se – e apenas se – houver atenção. Uma vez captadas, tais informações precisam ser processadas e, a seguir, interpretadas". Sem atenção nenhuma informação chega ao cérebro de maneira consistente, sendo assim, também não poderá ser interpretada.

No caso do primeiro episódio apresentado, embora a criança estivesse interagindo com uma colega, o contexto e o que acontecia a sua volta também influenciou seu comportamento, e é assim que, no contexto sociocultural as pessoas adequam seus comportamentos, assimilam habilidades, se desenvolvem e aprendem a convivência em sociedade. Na perspectiva histórico-cultural apresentada por Vigotski, é por meio da linguagem que as crianças assimilam as mais importantes aquisições. Relacionando ao episódio, percebemos que o espaço escolar é importante nesse processo por possibilitar, como destaca Hartup (1989), os dois tipos de relações: horizontal, no caso entre Diana e Ester, e vertical, entre Diana e sua professora. Os relacionamentos com pessoas de "maior poder" e os mais igualitários que envolvem pessoas da mesma idade são importantes e necessários para o desenvolvimento de habilidades sociais da criança. A interação das crianças com os pares traz avanços significativos para a promoção da aprendizagem, esta acontece principalmente nas brincadeiras. A interação das crianças com pessoas mais experientes também é necessária porque estabelece modelos de ação, direcionamentos, suporte, acolhimento e segurança.

3.1.1.4 Questionamentos

Nessa categoria, não houve episódios da criança 3 com sua professora e mediadora, por esse fator, não serão apresentados.

Tabela 14 – Criança 1

CRIANÇA 1			
NOME	Davi	**TEMPO NA ESCOLA**	2 anos
SÉRIE/IDADE	Infantil 3/ 4 anos	**PROFESSORA**	Claudia

Fonte: a autora

Episódio – Professora

Marcação temporal: Dia 2 (2:36 – 2:51)

Contexto: Davi está sentado na mesa em silêncio olhando ao redor, esperando pelo material a ser utilizado na atividade pedagógica. Enquanto isso seus colegas interagem e se comunicam verbalmente. Ele segura um pedaço de papel em mãos e começa a picotar, sua colega que está na mesma mesa observa.

Início do episódio

Aos 2:36 a professora diz "Oi, Davi! Boa tarde!" [abaixando do lado direito da criança], Davi não responde, nem olha para professora e continua picotando o papel. A professora diz "Tudo bem? Tá fazendo o que?". Ao perceber o silêncio de Davi um colega responde "Ele tá jogando!" [a professora levanta e se dirige para o outro lado, pois o corpo de Davi e seu olhar estão mais direcionados para sua esquerda]. Ela abaixa a sua esquerda e olhando para Davi diz "Tá jogando, é?". Em 2:47 Davi diz "Quebra-cabeça.", um colega que estava na mesa do lado vai ao lado de Davi e diz "Quebra-cabeça!", a professora diz "É, ele disse quebra-cabeça".

Tabela 15 – Criança 2

CRIANÇA 2			
NOME	Diana	**TEMPO NA ESCOLA**	Primeiro ano
SÉRIE/IDADE	Infantil 4/ 4 anos	**PROFESSORA**	Nayara

Fonte: a autora

Episódio – Professora

Marcação temporal: Dia 2 (10:58 – 11:16)

Contexto: As crianças estão sentadas na mesa realizando atividade pedagógica estruturada.

Início do episódio

Em 10:58, Diana olha para professora à sua direita rapidamente, depois olha para o lado esquerdo aleatoriamente e sorri. A professora abaixa na frente de Diana e diz "Quer fazer o que, Diana? Faça seu desenho aqui." [apontando para o papel] "É o que, que você quer fazer?". Diana não responde, fica olhando para o papel, para os lápis e segurando o lápis. Em 11:05 olha rapidamente para professora [1 segundo]. A professora diz "Terminou o desenho?" [toca no papel] "Terminou?", pergunta novamente. Sem resposta verbal e/ou gestual, ela diz "Pronto, agora guarde o hidrocor." [tocando na caixinha de lápis], "Cadê o seu lápis de cor?". Diana começa a organizar o lápis atendendo o comando da professora enquanto ela diz "Vá, guarde eles.".

Episódio – Mediadora

Marco temporal: Dia 1 (6:37 – 6:43)

Contexto: Diana se dirige correndo ao balanço no momento da recreação. A mediadora a acompanha dando suporte para que a criança suba no balanço, pois ela demonstra um pouco de dificuldade e precisa de apoio. Quando a criança se senta, a mediadora se posiciona atrás de Diana e começa a balançar. Em alguns momentos Diana sorri, olhando ao redor, com expressões de prazer.

Início do episódio

Aos 6:37 a mediadora se posiciona à frente do balanço, para e pergunta "Diana, você quer balanço?" e Diana responde "Balanço.".

Reflexão sobre os episódios da categoria Questionamentos

Essa categoria apresenta episódios que envolvem perguntas no processo interacional. Em diversos momentos, as professoras e mediadoras abordam as crianças utilizando perguntas e questionamentos, a fim de levá-las a refletir sobre determinado aspecto, manter o fluxo verbal de informação, verificar a compreensão da criança etc. De acordo com Vigotski (2016), é o adulto que insere a criança em um grupo cultural e é essa inserção que impulsiona a vinculação do pensamento e da linguagem a partir do processo de internalização, por esse fator, os adultos são os agentes externos servindo de mediadores do contato da criança com o mundo, nesse caso, com a fala.

Apesar da produção de respostas parecer ser algo simples, requer diversas etapas, como atenção, processamento da informação, compreensão e resposta (verbal e/ou motora) às perguntas diretas ou em situação de conversação, isso é uma tarefa difícil. Assim, muitas vezes a comunicação com questionamentos torna-se menos eficiente, não atingindo seus objetivos. É importante ter clareza e diferenciação entre compreensão e dificuldade para responder de maneira apropriada. Por exemplo, a criança pode compreender mas não ter ferramentas motoras e verbais para expressar para o outro com gestos ou palavras aquilo que deseja.

Considerando as dificuldades na área de linguagem de crianças diagnosticadas com autismo, acredito que outros mecanismos podem dar suporte à interação, como por exemplo, gestos, expressões faciais, diferentes entonações e sons, com o objetivo de atrair maior atenção e troca por parte das crianças, pois, nessa categoria intitulada *questionamentos*, a qualidade das interações, no sentido de troca de olhares, respostas verbais e expressões faciais apresentadas pelas crianças, foram menos representativas que na categoria *brincadeira com movimento*, por exemplo.

É fundamental a contribuição da escola no desenvolvimento da linguagem das crianças. Em relação a isso, Scheuer (2002, p. 55) destaca que "desenvolver a linguagem é mais do que falar. É ser um interlocutor ativo nas diferentes relações sociais". Desse modo, acredito na importância de um olhar com outras estratégias que contemple as diferentes relações no processo de interação.

Ainda de acordo com Scheuer (2002, p. 53), o papel do adulto é fundamental, pois

> [...] existem diferenças individuais no desenvolvimento da linguagem, tanto nos períodos em que determinadas características devem aparecer, como também na velocidade e na qualidade dessa linguagem. Esses fatores estão relacionados a capacidades internas de cada indivíduo e ao ambiente, que deve ser rico em estímulos e possibilitar diversas experiências.

Dessa maneira, a linguagem das crianças deve ser estimulada de diversos modos e, durante os episódios de comunicação, as diferentes estratégias, como gestos, expressões, entonação e sons diversos, poderão ser fatores significativos na qualidade da interação estabelecida com as crianças com TEA.

3.1.1.5 Suporte na atividade

Tabela 16 – Criança 1

CRIANÇA 1			
NOME	Davi	**TEMPO NA ESCOLA**	2 anos
SÉRIE/IDADE	Infantil 3/ 4 anos	**PROFESSORA**	Claudia

Fonte: a autora

Episódio – Professora

Marco temporal: Dia 3 (2:55 – 3:26)

Contexto: Davi está sentado na mesa para execução de atividade pedagógica. A professora está se aproximando das crianças do grupo para dar suporte.

Início do episódio

Aos 2:55 a professora volta a se aproximar de Davi e diz "Pegue outra cor, agora...", pedindo carinhosamente para que ele escolha um lápis [a criança estava apenas com o verde desde o início da atividade]. Davi atende ao comando da professora escolhendo outra cor, quando ele escolhe ela pergunta "Que cor é essa?", ele não responde verbalmente. Então, a professora pergunta novamente "Que cor é essa?". Ao perguntar pela segunda vez ele responde "Marrom." e ela diz "Marrom? Mar-rom!", "Vamos pintar o que de marrom agora?". Davi abre sua mão no papel e começa a desenhar sua mão, a professora diz "Vai fazer a sua mão? Depois pega a cor pra pintar as folhinhas aqui, tá? Não esquece.".

Tabela 17 – Criança 2

CRIANÇA 2			
NOME	Diana	**TEMPO NA ESCOLA**	Primeiro ano
SÉRIE/IDADE	Infantil 4/ 4 anos	**PROFESSORA**	Nayara

Fonte: a autora

Episódio – Professora

Marcação temporal: Dia 2 (4:36 – 4:57)

Contexto: As crianças estão sentadas para realização da atividade estruturada na mesa. A professora e a mediadora entregam o material para o grupo. Diana recebe seu material e inicia a atividade.

Início do episódio

Aos 4:36 a professora se aproxima e se abaixa na frente de Diana dizendo "Pronto, agora aqui em cima você vai fazer E-U. Lá no quadro!" [apontando para a parte de cima da atividade inicialmente e para o quadro em seguida]. Diana não olha para ela, não acompanha sua ação, nem o local indicado. A professora então diz "Diana, lá no quadro!" [apontando para o quadro, que consta o que a criança deve escrever no título da atividade].

Diana se levanta da cadeira, olha para o quadro e em seguida dá sequência à escrita, copiando. A professora aguarda em sua frente e quando ela finaliza a professora diz "Pronto! Muito bem!", e se levanta aos 4:57.

Tabela 18 – Criança 3

CRIANÇA 3			
NOME	Daniel	**TEMPO NA ESCOLA**	3 anos
SÉRIE/IDADE	Infantil 5/ 6 anos	**PROFESSORA**	Joana

Fonte: a autora

Episódio – Professora

Marcação temporal: Dia 3 (2:35 – 3:03)

Contexto: Todo grupo está sentado para realização da atividade pedagógica estruturada, cada criança em sua carteira. Daniel está sentado para realização de sua atividade com a mediadora ao lado, que reforça o que a professora lhe diz, enquanto a professora circula pela sala para dar suporte as crianças na realização da atividade.

Início do episódio

Em 2:35 a professora se aproxima e para ao lado de Daniel observando a criança fazer a atividade. Sorri e diz "Sete anões, Daniel. Faz o sete." [apontando para o seu livro] "Termina o sete." [volta a apontar para o seu livro] diz "Tracinho do sete!" [apontando e esperando a criança fazer], quando ele consegue ela diz "Isso, muito bem!".

Episódio – Mediadora

Marco temporal – Dia 6 (0:36 – 2:40)

Contexto: Daniel está na mesa com a mediadora para realização de atividade pedagógica estruturada na sala de aula.

Início do episódio

A mediadora mostra a Daniel um porta-retratos pronto, igual ao que irão construir. Ela diz: "Vamos colar aqui a foto da mamãe e do papai, a família de Daniel.". Enquanto isso, Daniel olha atentamente para o objeto, prestando atenção ao que a mediadora diz. Ela complementa "Depois a gente vai pintar!". Em 0:46 a mediadora chama Daniel [fazendo sinal com a mão] e pega em sua mão levantando-se. A criança a acompanha até o armário para pegar seu material, pegam tudo que é necessário e voltam para mesa. Daniel senta e já vai colocando a foto de sua família em cima do papel, mostrando ter compreendido a explicação. A mediadora organiza mais alguns materiais enquanto a criança observa suas ações e espera atenta. Em 1:57 a mediadora se senta, ela está do lado direito de Daniel na mesa, no entanto, ela afasta sua cadeira e pede pra Daniel levantar, em seguida, encaixa a cadeira da criança a sua frente, abre as pernas e puxa sua cadeira para próximo a ele, se posicionando atrás da criança. Nessa posição manipula Daniel fisicamente em algumas situações, pegando em suas mãos para execução da ação. Enquanto dá os comandos, falando próximo ao seu ouvido.

Reflexão sobre os episódios da categoria Suporte na atividade

Nessa categoria, foram incluídos os episódios em que a professora ou a mediadora ajudam a criança durante as atividades, oferecendo suporte para que elas consigam executar. De acordo com Vigotski (2007), no desenvolvimento e na aprendizagem, processos inter-relacionados, existe o que a criança consegue executar de maneira independente e o que necessita de suporte para execução, por esse fator, o autor apresentou o conceito de *Zona de Desenvolvimento Proximal*. Segundo ele, é a distância entre o *nível de desenvolvimento real*, ou seja, o que a criança consegue executar sozinha e com independência, e o *nível de desenvolvimento potencial*, determinado por meio da solução de problemas sob a orientação de um companheiro mais capaz. Vigotski (2007, p. 103) destaca que

> [...] o aprendizado desperta vários processos internos de desenvolvimento, que são capazes de operar somente quando a criança interage com pessoas em seu ambiente e quando em cooperação com seus companheiros. Uma vez internalizados, esses processos tornam-se parte das aquisições do desenvolvimento independente da criança.

Os episódios apresentados acima, mostram exemplos de atividades que as crianças não conseguem realizar com independência e, por esse fator, necessitam de suporte para conseguir realizar as ações. Considero fundamental destacar que o suporte para execução das atividades é importante, no entanto, nos episódios pudemos perceber que, as professoras ofereceram suporte para as crianças sem as manipular fisicamente, o que é de extrema importância para o desenvolvimento de habilidades motoras e para o processo de internalização das ações.

No episódio da mediadora, em alguns momentos, ela conduziu a criança utilizando o toque, o suporte para manipulação do instrumento e de suas ações. Nesse aspecto, gostaria de destacar a importância do desenvolvimento das habilidades motoras, que só acontece quando a ação é praticada pelo próprio sujeito. No desenvolvimento da motricidade, é fundamental que a criança organize, planeje, execute e reorganize, pois é experienciando e tentando que conseguirá se apropriar de novas habilidades, bem como avançar nos aspectos que tem dificuldade. Além do fato da criança ser um sujeito ativo, devendo ser percebido dessa maneira, sempre que um adulto manipula a criança para fazer uma ação, ele que está realizando a ação e não a criança. Como as ações de Daniel são mais lentas, muitas vezes a mediadora antecipou suas ações pegando o material de sua mão e manipulando junto à criança. No entanto, destaco a importância de ter mais tempo de espera oferecendo outro tipo de suporte à criança (como verbal ou execução da ação como modelo) para que ela possa imitar, pois, Daniel se mostrou conectado, interessado, além de demonstrar também habilidades de compreensão e imitação para a realização da atividade.

3.1.1.6 Suporte na brincadeira

Nessa categoria não houve episódios das crianças 2 e 3 com suas professoras e mediadoras, por esse fator, não serão apresentados.

Tabela 19 – Criança 1

CRIANÇA 1			
NOME	Davi	**TEMPO NA ESCOLA**	2 anos
SÉRIE/IDADE	Infantil 3/ 4 anos	**PROFESSORA**	Claudia

Fonte: a autora

Episódio – Professora

Marcação temporal: Dia 1 (0:37 – 2:15)

Contexto: A criança está encaixando as peças do lego na mesa com colegas do grupo. A professora se aproxima, abaixa-se ao lado da criança que está sentada em uma cadeira na mesa e pergunta "Davi, você está fazendo o que?". A criança continua encaixando as peças, não olha para professora e não responde. A professora pergunta novamente sem utilizar o pronome *você* na frase: "Davi está fazendo o que?". Davi não olha para ela, não responde e continua encaixando as peças. Então, a professora toca na mão da criança e nas peças de lego levemente e pergunta novamente sem utilizar o pronome e reformulando a frase "O que é isso aqui que Davi está fazendo?". Logo em seguida, "É o que, que Davi tá fazendo?". Inicialmente Davi continua olhando fixamente para as peças de lego que está encaixando e não compartilha atenção com a professora. Então, a professora pergunta "Davi quer o que?". A criança tenta encaixar peças e não consegue da maneira apropriada, apresenta uma expressão como se fosse chorar nesse momento. A professora dá o suporte com as mãos para que consiga e ao ver que ele conseguiu diz "Isso, Davi!".

Início do episódio

Em 0:37 segundos, a criança direciona o rosto para a professora e balbucia algo semelhante a "Pá...". Então, a professora pergunta "Você quer o que?". No mesmo instante, em 0:39 segundos, Davi olha fixamente para o rosto da professora e enquanto ela repete a pergunta "Você quer o que?", abre a boca mas não emite som, olha para a câmera, percebendo minha presença na sala de aula, e retorna para montagem do lego. A professora, com a mão em cima da mesa, demonstra estar disponível para dar suporte, caso ele precise. Aos 0:50 segundos, Davi pega a mão da professora e direciona para uma das peças, solicitando ajuda para montar utilizando a comunicação não-verbal. A professora oferece o suporte solicitado por Davi e utiliza palavras de incentivo, como por exemplo "Isso!". Ao ver que algumas peças não estão encaixando, sugere "Vamos tentar outro.". Quando percebe que não está conseguindo, em 1:10 segundos, Davi apresenta expressão de angústia e emite um som semelhante ao de antecipação do choro, mas a professora continua ajudando a criança. Ao ver que nenhuma das peças de Davi se encaixariam, a professora pede uma emprestada para outra criança que está na mesa. Nesse momento, Davi está iniciando o choro. Com suporte da professora, Davi consegue encaixar as peças e muda sua expressão. Quando a criança consegue montar a professora bate palmas e diz "Muito bem, Davi!".

Reflexão sobre os episódios da categoria Suporte na atividade

Esse episódio ilustra que, embora muitas vezes não sustente o olhar com o parceiro interacional, a criança olha para os objetos e materiais utilizados no contexto. De acordo com Vigotski (2007), os instrumentos, nesse caso os objetos utilizados, são elementos externos mediadores da ação do ser humano com o mundo. Relacionando a importância dos instrumentos no desenvolvimento infantil com o episódio, destaco que embora Davi não estivesse olhando nos olhos da professora, observava suas mãos e ações na tentativa de aprender e compreender como ela poderia encaixar as peças do material utilizado. No contexto social a observação é crucial e antecede o processo de internalização, necessário no desenvolvimento e na aprendizagem.

Também é possível perceber que a comunicação da criança em relação à professora, acontece de maneira bem direta especificamente quando a criança percebe que tem um problema que não consegue solucionar sozinha, ou seja, quando necessita de ajuda. Vigotski (2007, p. 19) destaca que

> [...] quando as crianças se confrontam com um problema um pouco mais complicado para elas, apresentam uma variedade complexa de respostas que incluem: tentativas diretas de atingir o objetivo, uso de instrumentos, fala dirigida à pessoa que conduz o experimento ou fala que simplesmente acompanha a ação e apelos verbais diretos ao objeto de sua atenção.

No caso acima, mesmo sem utilizar a fala a criança envia uma mensagem não oral e a professora recebe, compreendendo a intencionalidade da criança. De acordo com Vigotski (2007), é no processo de interação entre a criança e o outro que se dá a aquisição da linguagem em si, desenvolvendo, desse modo, suas capacidades internas e dando sentido aos processos interacionais. A partir da interação é possível para o sujeito atribuir significados as suas próprias ações e desenvolver processos psicológicos internos assimilando habilidades por meio do processo de internalização.

A criança demonstra dificuldades relacionadas a: 1) tempo de espera, quando apresenta expressão de angústia e choro ao não conseguir montar o material; 2) não saber lidar com frustrações; e 3) dificuldade para solucionar problemas, quando não busca outras estratégias para resolver, como por exemplo, pedir emprestado a colega. Tais características revelam que o suporte na atividade é necessário para que ela possa avançar nos processos de aprendizagem e desenvolvimento.

Após discussão e reflexão sobre a interação da criança com diagnostico de TEA e suas professoras/mediadoras, a seguir serão apresentadas as categorias e episódios que emergiram da interação entre as crianças e seus pares na educação infantil.

3.1.2 Episódios de Interação entre a criança com diagnóstico de TEA e seus pares

3.1.2.1 Brincadeira com movimento

Nessa categoria, não houve episódios da criança 2, por esse fator, não serão apresentados.

Tabela 20 – Criança 1

CRIANÇA 1			
NOME	Davi	**TEMPO NA ESCOLA**	2 anos
SÉRIE/IDADE	Infantil 3/ 4 anos	**PROFESSORA**	Claudia

Fonte: a autora

Marcação temporal: Dia 4 (0:40 – 1:14)

Contexto: Davi está sentado na gangorra no momento da recreação com mais dois colegas, que saem rapidamente. Davi, que ficou sozinho na gangorra, desce e se senta no chão ao lado da gangorra. Em seguida, um dos colegas que havia saído volta.

Início do episódio

Em 0:40 seu colega diz "Tá tudo bem, Davi? Tá tudo bem?" [enquanto se senta na gangorra]. Davi percebe que o colega voltou e quando o vê sentar, levanta-se e se senta na mesma hora para brincar na gangorra. Davi não responde verbalmente, no entanto, demonstra prazer com a brincadeira. O colega sorri bastante olhando os outros brincando ao redor, Davi olha para baixo em alguns momentos, percebendo quando a gangorra bate no chão.

Tabela 21 – Criança 3

CRIANÇA 3			
NOME	Daniel	**TEMPO NA ESCOLA**	3 anos
SÉRIE/IDADE	Infantil 5/ 6 anos	**PROFESSORA**	Joana

Fonte: a autora

Marcação temporal: Dia 6 (8:45 – 10:16)

Contexto: O grupo de Daniel está na sala de psicomotricidade, na qual tem várias revistas disponíveis para que as crianças utilizem como quiserem enquanto se movimentam e brincam. A maioria das crianças rasga as revistas e brinca em conjunto. Daniel alterna momentos sentando-se, correndo, caminhando, rodando, pulando e circulando pelo ambiente.

Início do episódio

Aos 8:45 um colega pega um pedaço de folha de revista e amassa fazendo uma bolinha, anda atrás de Daniel, que está caminhando na sala, e joga em suas costas. Daniel não demonstra reação. Seu colega pega novamente e caminha/corre atrás dele, jogando pela segunda vez em 8:52. Dessa vez, bate no braço de Daniel e ele repara virando a cabeça um pouco para trás [local de onde veio o papel] e tocando com a mão na região atingida. Em 8:54 Daniel corre sorrindo e seu colega corre atrás dele sorrindo também. Em 8:59 Daniel para rapidamente, seu colega toca em suas costas e ele volta a correr. Daniel corre na frente e seu colega atrás dele. Em 9:02, outro colega esbarra neles, que param, mas em seguida voltam a correr e um outro colega entra na brincadeira. Os três estão correndo na sala juntos e sorrindo. Daniel demonstra alegria, a professora diz "Devagar! Devagar!". As crianças continuam correndo felizes. Aos 9:30 Daniel sai do percurso, parando um pouco, se dirigindo para o meio da sala e em seguida para borda, seus colegas o pegam de volta pela mão retomando a brincadeira. Em 9:38 o colega que o puxou para corrida corre de mãos dadas com Daniel e em

9:45 o outro colega pega na outra mão dele. Os três correm e a mediadora diz "Devagar!". Daniel está sorrindo. Correm, giram e se divertem juntos.

Reflexão sobre os episódios da categoria Brincadeira com movimento

Essa categoria emergiu tanto nas interações com professoras e mediadoras, quanto nas interações entre as crianças com TEA e seus pares. Como destacado anteriormente, as brincadeiras que envolvem movimento são de pouca complexidade e fácil execução, envolvendo ação e reação. No primeiro episódio, a brincadeira envolve a gangorra, instrumento que faz a mediação entre a interação das crianças segundo a perspectiva de Vigotski (2007, p. 113). De acordo com o autor, os objetos têm um papel significativo no contexto do brincar, eles "ditam as crianças o que ela tem de fazer: uma porta solicita que abram e fechem, uma escada, que a subam, uma campainha, que a toquem. Resumindo, os objetos têm uma tal força motivadora inerente, no que diz respeito às ações de uma criança". Dessa forma, na brincadeira utilizando a gangorra algumas regras de utilização existem implicitamente, por exemplo, precisar de pelo menos dois sujeitos e movimentar o corpo para alternar as ações de subir e descer. Ainda segundo o autor, é na brincadeira que a criança aprende a agir em uma esfera cognitiva.

No segundo episódio é possível perceber que o movimento também facilitou a interação entre as crianças. Inicialmente, Daniel estava caminhando e correndo na sala, sem interagir com outras crianças. A partir do momento que outra criança inicia a interação, ambos conseguem expandir esse movimento, engajados e compartilhando da interação, em contato intenso com seu corpo, seus movimentos e com o outro. Destacando esse momento, ressalto a importância de espaços amplos para que as crianças possam se mover; brincadeiras sensório-motoras; de ação e reação; e dos materiais para estimular a interação, o olhar, o toque, a troca.

A ação numa situação de brincadeira ensina a criança a dirigir seu comportamento não somente pela percepção imediata dos objetos ou pela situação que a afeta de imediato, mas também pelo significado dessa situação. Diante do que vimos nesses episódios, é fundamental que na educação infantil as crianças possam utilizar o corpo em ação, como instrumento de expressão e comunicação, em um ambiente que possibilite essa troca interativa, prazerosa, que explore a imaginação, no qual as crianças atuem espontaneamente e que os gestos, olhares, toques e trocas comunicativas possam impactar seu desenvolvimento e contribuir para sua aprendizagem social, cognitiva, emocional e sensório-motora.

3.1.2.2 Imitação

Nessa categoria não houve episódios das crianças 2 e 3, por este fator, não serão apresentados.

Tabela 22 – Criança 1

CRIANÇA 1			
NOME	Davi	**TEMPO NA ESCOLA**	2 anos
SÉRIE/IDADE	Infantil 3/ 4 anos	**PROFESSORA**	Claudia

Fonte: a autora

Marcação temporal: Dia 3 (1:57 – 3:23)

Contexto: Na área externa para recreação existem dois grandes tubos grossos, uma colega de Davi estava em um deles brincando de subir, se pendurar e escorregar. Davi viu e se aproximou segurando no outro. Os dois se penduraram e escorregaram descendo, Davi estava com o rosto virado na direção de sua colega, mas não demonstrava alteração de sua expressão, ela sorria enquanto escorregava. Quando Davi desceu, no tempo em que estava levantando para retornar, um colega veio e pegou o tubo para fazer a brincadeira. Davi ficou olhando o colega e a colega repetirem a brincadeira. Quando a menina saiu do tubo em que estava, Davi se aproximou fazendo a brincadeira com o seu colega. Após escorregar a primeira vez, sentou-se embaixo do tubo e parou, com o olhar vago e o corpo relaxado, seu colega continuou repetindo a ação algumas vezes e depois saiu, então, Davi também sai e entra correndo na sala de aula, que está vazia, pois as crianças estão no pátio. A colega que já estava brincando com Davi no tubo está do lado de fora da sala e chama por seu nome "Davi!". Ele demonstra não dar atenção, anda em círculo algumas vezes e permanece explorando a sala. Aos 1:39 a colega chama "Davi!" e em 1:43 novamente "Davi!", mas não obtém resposta gestual e/ou oral de Davi.

Início do Episódio

Em 1:57 a colega entra na sala e pega Davi pela mão para levar para área externa, os dois saem de mãos dadas e ao chegar no lado de fora ela toca na mão de Davi, corre para um tubo e se pendura. Davi olha e faz o mesmo no outro tubo, os dois ficam escorregando juntos [nesse momento Davi está com a cabeça voltada para o lado em que a colega se encontra]. Quando chegam até embaixo, Davi se levanta e anda em direção a sala de aula, nesse momento sua colega também se levantou e começou a rodar com a mão no tubo. Davi observa e sente-se atraído pela brincadeira, desistindo de entrar. Volta e fica girando igual sua colega, na mesma direção, com a mesma organização corporal [segurando com a mão esquerda no tubo e girando ao redor dele] e olhando para os movimentos dela. Nesse momento Davi demonstra um leve sorriso. Quando ela se pendura para escorregar, Davi imita. Depois eles giram. E permanecem nessa brincadeira: subir, pendurar, descer e girar. Aos 3:06, desceram escorregando o tubo e ambos se sentaram no chão, a sua colega se inclina bem próxima de Davi e ele olha nos seus olhos por 5 segundos. Ela bate com uma mão no tubo e Davi faz igual. Aos 3:14 ele olha novamente para sua colega por 2 segundos, ambos se organizam para levantar e dar continuidade a brincadeira. Aos 3:20 ela olha sorrindo para Davi, mas ele não retribui o sorriso, olha mais para suas ações que em seus olhos nesse momento.

Reflexão sobre os episódios da categoria Imitação

A habilidade de imitação é um importante recurso dentro do processo interacional. De acordo com Vigotski (2007), o desenvolvimento cultural da criança acontece, primeiramente, em nível social, depois, em nível individual e para que isso aconteça é fundamental que haja a imitação do contexto social. Primeiramente o indivíduo realiza ações externas, para a partir delas começar a atribuir significados às suas próprias ações.

No episódio acima, a imitação existe de maneira prática e direta em um contexto lúdico e espontâneo, surgindo a partir da própria experiência no meio social. Segundo Vigotski (2007), a experiência social exerce seu papel por meio do processo de imitação. As crianças da mesma idade quando estão brincando juntas assimilam, uma da outra, modelos de comportamento de maneira lúdica, quando a criança imita a forma pela qual o outro utiliza instrumentos e manipula objetos, ela está começando a dominar o princípio envolvido na atividade.

Uma vez que a imitação requer a atenção para o outro, dificuldades com esse processo é comum em crianças com TEA, pois, além da atenção, requer a interpretação social. É por meio da imitação que novas habilidades são internalizadas e utilizar a ludicidade e o contexto espontâneo para ajudar a criança a expandir suas habilidades é fundamental, para que não haja um aprendizado mecanicista e engessado da imitação de ações físicas. Acredito que, com jogos e brincadeiras, essas habilidades podem ser trabalhadas com as crianças com TEA, ajudando-as a expandir suas competências a partir de seus interesses, como no episódio em destaque.

Na brincadeira a criança assimila padrões de comportamentos de outras crianças e tarefas importantes para sua idade, como passar pela experiência de socialização, brincar e relacionar-se com outras crianças, como aprender sobre si mesmas enquanto seres sociais e aprender com as experiências.

3.1.2.3 Iniciação

Tabela 23 – Criança 1

CRIANÇA 1			
NOME	Davi	**TEMPO NA ESCOLA**	2 anos
SÉRIE/IDADE	Infantil 3/ 4 anos	**PROFESSORA**	Claudia

Fonte: a autora

Marcação temporal: Dia 2 (4:38 – 5:34)

Contexto: Davi está sentado na mesa, com mais três colegas de seu grupo, em silêncio olhando ao redor. Ele picota um papel que tem em mãos, a professora se aproxima e interage com a criança, em seguida se afasta para interagir com os outros. Nesse momento, Davi continua picotando e juntando as partes do papel, uma colega que estava na mesma mesa ao seu lado, se inclinou completamente para observá-lo de perto. Davi continuou picotando os papéis sem olhar ao redor. Davi está picotando os papéis e olhando fixamente para suas mãos.

Início do episódio

Aos 4:38 Davi olha para professora que está executando alguma ação de longe, em seguida [4:42] ele direciona o olhar para a colega que está a sua esquerda sentada na mesma mesa. Davi olha por 2 segundos para sua colega e direciona novamente o olhar para frente, olhando as ações da professora, faz isso continuando a picotar o papel em suas mãos. Aos 4:46 olha novamente para o papel e aos 4:48 para sua colega da esquerda por 1 segundo e volta a olhar para o papel e picotá-lo. Em 5:00 Davi levanta-se de sua cadeira com um pedaço do papel pequeno em mãos e dá para o colega que está a sua direita [não dá em suas mãos, mas coloca em sua frente], em seguida pega mais um pedaço do papel e empurra pela mesa para o colega que está a sua esquerda, após esse momento o colega que ele deu primeiro joga o papel de volta para ele e diz "Toma, Davi!", Davi não olha e não pega de volta, continua olhando para suas mãos e picotando o papel.

Tabela 24 – Criança 2

CRIANÇA 2			
NOME	Diana	**TEMPO NA ESCOLA**	Primeiro ano
SÉRIE/IDADE	Infantil 4/ 4 anos	**PROFESSORA**	Nayara

Fonte: a autora

Marcação temporal: Dia 2 (1:24 – 1:47; 2:07 – 2:17)

Contexto: As crianças estão sentadas na mesa para realização da atividade estruturada enquanto a professora explica como deverá ser feita. Nesse momento, Diana olha em volta e algumas vezes para as ações da professora, põe a mão na boca e se movimenta na cadeira. Enquanto a professora faz algumas perguntas referentes a atividade, as crianças respondem verbalmente, Diana observa. Em alguns momentos ela olha para os dedos, como se estivesse contando, em seguida apresenta olhar disperso.

Início do episódio 1.1

Em 1:24 se vira para a colega que está a sua esquerda e aproxima seu rosto da bochecha dela, sua colega aproxima seu rosto fisicamente encostando ainda mais em Diana. As duas se abraçam fortemente sorrindo bastante. A colega de Diana escorrega um pouco da cadeira e tenta se organizar ainda sorrindo e tirando um pouco o abraço, mas Diana permanece abraçando, com as mãos enlaçadas no pescoço da colega, até que em 1:38 a colega puxa um pouco mais forte e ela solta. Diana olha nos olhos da colega sorrindo e inclina seu corpo para o lado da colega que organiza a mesinha que as duas dividem. Em 1:43 a colega dá um beijo forte em Diana de 3 segundos e Diana sorri.

Início do episódio 1.2

Em 2:07 Diana vira-se novamente para a colega e puxa seu braço, olhando em seus olhos e sorrindo. A colega corresponde puxando seu braço de volta, trocando com ela a brincadeira. A professora diz "Ester, peça pra Diana prestar atenção. Diga assim: não é hora Diana.", as duas ainda estão no movimento de puxar os braços e movimentar o corpo, Diana está sorrindo. Ester diz "Não é hora, Diana." e a professora complementa "Presta atenção. Diana, aqui ó!". E as duas viram para frente.

Tabela 25 – Criança 3

CRIANÇA 3			
NOME	Daniel	**TEMPO NA ESCOLA**	3 anos
SÉRIE/IDADE	Infantil 5/ 6 anos	**PROFESSORA**	Joana

Fonte: a autora

Marcação temporal: Dia 2 (2:01 – 2:11)

Contexto: As crianças da turma de Daniel estão na telhoça [espaço coberto localizado no centro do pátio da escola]. A professora conta a história da Branca de Neve, utilizando objetos e brinquedos como recursos visuais durante a narrativa. Daniel não demonstra interesse nem curiosidade na atividade, está com o olhar disperso no ambiente, boceja em alguns momentos e tenta deitar-se no colo da mediadora em outros, tem dificuldade para compartilhar a atenção com o que está sendo proposto pela professora e com os objetos que estão sendo utilizados nesse momento. Daniel está sentado junto as demais crianças, no seu lado esquerdo está a mediadora e no seu lado direito uma colega de classe.

Início do episódio

Aos 2:01 Daniel vira-se para sua direita, olha para o cabelo de sua colega que está solto ao seu lado e toca nele explorando e alisando. Aos 2:04, sua colega se vira e lhe olha, Daniel boceja e continua olhando para o cabelo de sua colega e alisando. Ela olha para ele com delicadeza, Daniel continua alisando. Aos 2:07 vira seu rosto para frente, mas continua com a mão no cabelo de sua colega que lhe olha. Aos 2:10 a mediadora toca em sua mão e a criança retira a mão do cabelo de sua colega.

Reflexão sobre os episódios da categoria Iniciação

Nos episódios acima, busquei destacar momentos em que as crianças iniciaram a interação com seus/suas colegas. De acordo com Lampreia (2007) e Whitman (2015), as crianças com autismo apresentam déficits para iniciar ações, o que impacta diretamente em sua interação social e comunicação.

Diante das áreas de comprometimento no autismo, é desafiador para as crianças com TEA iniciar interações e trocas com seus pares. No entanto, nos dados encontrados no estudo, foi possível perceber que esses episódios acontecem em momentos específicos e que as crianças com TEA apresentam intencionalidade, percepção do outro e organização do comportamento para executar a ação. Os episódios mostram que para organizar o comportamento e a ação em direção a outra pessoa a criança precisa inicialmente ter percepção do outro, ter interesse, idealizar, planejar e sequenciar a ação em direção ao outro, ou seja, realizar várias ações com esse fim. Nesse processo, é fundamental o interlocutor perceber os interesses da criança e perceber a importância do desenvolvimento da habilidade social, para ajudá-la a expandir esses momentos com os pares, oferecendo suporte, se necessário.

Muito se ouve dizer que as crianças com autismo não interagem ou que não iniciam a interação, no entanto, é necessário ter percepção das diferentes formas de interagir e de iniciar. Não é porque não faz como a maior parte das crianças que a criança com TEA não é capaz de fazer. Precisamos entender suas peculiaridades e formas singulares de ser e interagir, seus interesses e o que nos é mostrado em simples ações. Por conta da dificuldade relacionada a área de linguagem, por exemplo, a interação acontece de uma maneira diferente do usual, porém é possível perceber que ela existe, especialmente quando a criança se mostra interessada por algo no ambiente ou no outro.

3.1.2.4 Iniciação do/da colega

Tabela 26 – Criança 1

CRIANÇA 1			
NOME	Davi	**TEMPO NA ESCOLA**	2 anos
SÉRIE/IDADE	Infantil 3/ 4 anos	**PROFESSORA**	Claudia

Fonte: a autora

Marco temporal: Dia 1 (5:20 – 6:00; 6:36 – 6:51)

Contexto: É o momento de recreação e Davi está com sua turma na área externa, sentado na gangorra com duas colegas.

Início do episódio 1.1

Aos 5:20 a colega que estava na frente de Davi sai da gangorra. A colega que estava atrás também se levanta, mas se direciona para frente de Davi e diz "Vamos brincar, Davi!" [pegando em sua mão]. Davi se levanta, enquanto as duas colegas seguram cada uma em uma mão e o levam caminhando em 5:32. Em alguns momentos, por conta da maneira como movimenta as mãos, parece que Davi quer soltar das mãos das colegas, mas não faz muito esforço para isso e elas permanecem segurando. Uma das colegas diz "Vamos brincar de se esconder!". Aos 5:43 soltam-se e Davi sai andando, enquanto as duas colegas estão combinando a brincadeira e uma diz "Eu e Davi... você e Davi vão se esconder!" [se dirigindo para outra]. A outra colega corre e pega na mão de Davi para se esconder, a professora, que observa, diz "Se esconde, Davi!". Em 5:56, Davi segue sendo levado pela mão por sua colega e, enquanto ela vai se esconder em uma parede que antecede a sala de aula, Davi solta-se de sua mão e entra na sala.

Início do episódio 1.2

Aos 6:36 as colegas entram na sala de aula e a que estava procurando aponta pra Davi e diz "Achei!". A outra, que se escondeu com ele, pega Davi pela mão e guia ele até o lado de fora da sala, onde as crianças recreiam. Quando chegam na área externa, Davi ao lado da colega que o conduzia diz "Vixi!", quando se aproxima da colega que realizava a contagem, ela diz "Ei, ei, ei, Davi falou 'Vixi'!" e as duas sorriem.

Tabela 27 – Criança 2

CRIANÇA 2			
NOME	Diana	**TEMPO NA ESCOLA**	Primeiro ano
SÉRIE/IDADE	Infantil 4/ 4 anos	**PROFESSORA**	Nayara

Fonte: a autora

Marco temporal: Dia 5 (0:38 – 1:02)

Contexto: A turma de Diana está na área externa, enquanto a professora realiza uma atividade de circuito motor, chamando as crianças aos poucos. Maior parte do grupo permanece sentado em torno do circuito aguardando sua vez. Diana concluiu a atividade e se sentou ao lado de duas colegas. Do seu lado direito está sua colega Ester, que inicia a interação com a criança.

Início do episódio

Em 0:38 sua colega vira e dá um forte beijo em seu rosto, Diana olha para ela e se levanta. Se dirige até o meio do pátio e sua colega se levanta atrás dela e a pega abraçando-a fortemente em 0:41 e [abraçando-a] leva Diana de volta para seu lugar em 0:47. Diana tenta soltar com os braços, mas se senta. Sua colega fica falando algo [inaudível] com ela e abraça novamente [ambas estão sentadas] e o corpo das duas cai um pouco para esquerda com o abraço. Em 0:50 Diana se levanta novamente [mostrando desconforto] voltando a sentar em 1:02.

Tabela 28 – Criança 3

CRIANÇA 3			
NOME	Daniel	**TEMPO NA ESCOLA**	3 anos
SÉRIE/IDADE	Infantil 5/ 6 anos	**PROFESSORA**	Joana

Fonte: a autora

Marco temporal: Dia 3 (1:07 – 1:15)

Contexto: Daniel está no momento da recreação em cima do batente da telhoça que fica no centro do pátio da escola.

Início do episódio

Em 1:07, um colega se aproxima, toca na barriga de Daniel e para o rosto em sua frente, olhando para ele, como se estivesse chamando-o para brincar, mas Daniel afasta a mão do colega, não direciona o olhar, o rosto ou vira-se para ele. O colega sai.

Reflexão sobre os episódios da categoria Iniciação do/da colega

De acordo com a perspectiva sócio-histórica, sabemos que a criança aprende por meio das relações e interações que estabelece, entre elas está a relação com seus pares. Para Vigotski (2007), é assim que a criança se constitui enquanto sujeito, se apropria de práticas culturalmente estabelecidas (regras, normas, comportamentos) e cria estratégias. Os momentos de brincadeiras entre os pares possibilitam às crianças a troca de forma livre, sem intervenções de professores/professoras, o que também é importante para aprendizagem considerando que, dessa forma, elas tem a oportunidade de criar, desenvolver regras, resolver conflitos sem o suporte de um adulto mais experiente, ajudar o/a colega e ser ajudado, comunicar e experienciar a troca de papéis. Considerando a importância desses momentos, profissionais da educação infantil devem favorecê-los.

No contexto dos episódios acima, fica explícita a iniciação da interação por parte dos/das colegas. O ambiente escolar da educação infantil é o principal contexto em que as crianças interagem com seus pares, aprendendo a estabelecer relações e a desenvolver competências sociais (LADD; COLEMAN, 2010). Apesar de não terem sido usadas palavras nos episódios, as crianças interagiram com seus pares por meio do olhar, dos movimentos corporais, expressões e gestos. Katz (2006) afirma que, comunicando com os pares, as crianças desenvolvem mais facilmente relações entre si e, simultaneamente, dispõem de oportunidades de melhorar as suas capacidades comunicativas. Logo, a promoção das interações entre pares pode favorecer o desenvolvimento das crianças e pode constituir a base de futuras competências sociais.

Crianças com diagnóstico de TEA, com dificuldade de interação, frequentemente encontram desafios no contexto escolar referente a essa busca pelo outro e em respostas consideradas adequadas quando são buscadas pelos pares. Nesse aspecto, o suporte oferecido por educadoras e educadores para facilitar a interação é uma importante contribuição para que esses momentos de troca possam ser ampliados.

3.1.2.5 Interesse por objeto

Nessa categoria, não houve episódios da criança 1, por esse fator, não serão apresentados.

Tabela 29 – Criança 2

CRIANÇA 2			
NOME	Diana	**TEMPO NA ESCOLA**	Primeiro ano
SÉRIE/IDADE	Infantil 4/ 4 anos	**PROFESSORA**	Nayara

Fonte: a autora

Marcação Temporal: Dia 5 (0:00 – 0:50)

Contexto: As crianças estão na área externa para realização de um circuito motor proposto pela professora. Diana está sentada no chão com sua colega que tem um óculos de sol infantil cor de rosa em mãos e a criança demonstra interesse.

Início do Episódio

Diana tenta pegar os óculos de sua colega Ester que finge dar e, quando Diana aproxima a mão para pegar, puxa. As duas estão sorrindo, compartilhando a brincadeira. Em 0:07 uma outra colega se aproxima para pegar os óculos da mão de Ester e Diana para de tentar pegá-lo, observando a ação das duas nesse momento. Em 0:12 a colega se retira e Ester coloca os óculos no rosto virando-se para Diana e tocando nela, aparentemente com o intuito de mostrar-lhe, Diana olha e puxa os óculos de seu rosto. Com os óculos em mãos, Diana põe no rosto e Ester tenta puxar dela e consegue em 0:32, pondo de volta. Toca em Diana novamente para chamar a atenção da criança e diz "Diana! Diana!", mas Diana não olha para ela.

Tabela 30 – Criança 3

CRIANÇA 3			
NOME	Daniel	**TEMPO NA ESCOLA**	3 anos
SÉRIE/IDADE	Infantil 5/ 6 anos	**PROFESSORA**	Joana

Fonte: a autora

Marcação temporal: Dia 2 (0:26 – 2:23)

Contexto: Daniel está no campinho com seus colegas, que estão jogando futebol. Daniel corre sorrindo aleatoriamente no espaço. Aos 0:10 um colega de Daniel chuta a bola e ele olha, está sorrindo bastante, vira-se de costas para o colega, está sorrindo parado no meio do campinho, pula e quando vê a bola passar do seu lado esquerdo corre no mesmo sentido que a bola. Os colegas estão jogando futebol.

Início do episódio

Aos 0:26 se vira para o jogo e caminha devagar em direção a bola. Passa direto do objeto, mas observa a movimentação deste com os colegas do seu lado. Vai ao outro lado do campo e se distancia do lado em que os colegas estão com a bola. Para na tela que delimita o espaço do campo e olha para área externa, quando a bola chega do seu lado se vira para olhar e vê que um colega vai buscar. Em 0:48, Daniel se vira totalmente e se dirige para a bola, que agora está no pé do colega [deste lado do campo só os dois neste momento]. Daniel se aproxima devagar e seu colega chuta forte para o outro lado, em 0:50, ele acompanha toda a ação, inclusive o movimento da bola. Anda em direção a ela, que está no pé de um colega, mas antes que chegue perto o colega chuta. Daniel observa a ação e o movimento da bola circulando pelo campo. Em 1:10 vai para o meio do campo e olha a bola e a ação dos colegas. Em 1:33, a bola se aproxima dele, que demonstra ir pegá-la, mas um colega corre rápido e pega antes dele, Daniel observa. Corre em 1:40 e em 1:43 pega outra bola que estava no campo com as mãos. Joga para cima e segura, depois joga para cima e deixa cair. Enquanto isso dois colegas que estavam brincando com a bola estão ao seu lado esperando e quando a bola cai um deles pega e chuta. Daniel corre atrás sorrindo bastante. Em 2:03 um colega chuta a bola alto e o outro pega com a mão, Daniel está próximo a eles, sorrindo e compartilhando a atenção. Espera o outro colega (que estava como goleiro e segurou a bola) jogar, quando este chuta ele corre atrás da bola. O outro colega pega e chuta para Daniel em 2:09, ele tenta pegar com as mãos, mas a bola passa direto. Daniel corre atrás da bola sorrindo e consegue pegar com as mãos. Joga pra cima e baixa a cabeça, a bola cai em sua cabeça, seu colega sorri, a bola cai no chão logo em seguida e o outro colega pega a bola com o pé.

Reflexão sobre os episódios da categoria Interesse por objetos

Nos episódios dessa categoria, é possível ver o interesse das crianças por objetos usados por outras, o que fez com que elas iniciassem a interação. Inicialmente é necessário que a criança esteja atenta ao ambiente, para que, em seguida, apresente interesse pelo mundo, pessoas e objetos. Considerando que no autismo os interesses são restritos, perceber o que atrai a atenção da criança contribui para ampliar os episódios de interação, pois, a partir de seus interesses a criança tem um estímulo interno para engajar-se com o outro.

Os objetos que despertam o interesse da criança podem ser utilizados para uma aproximação, construção de relação, brincadeiras, porta de acesso a sua comunicação e expandir as trocas interacionais, ampliando gradativamente suas habilidades. De acordo com Vigotski (2007, p. 19), "as crianças se dirigem para os objetos de sua atenção tanto com palavras como com o instrumento". Nos episódios vemos que as crianças conseguiram descobrir/discriminar as sugestões atrativas do ambiente, compartilhar a atenção, orientar-se para um estímulo, sustentar a atenção nesse estímulo e interagir com os pares. Isso se tornou possível por conta da motivação interna por um objeto externo, aspecto que deve ser explorado nas atividades educativas, pois, na medida que envolvem os interesses da criança, ela se mostra mais motivada e envolvida, tornando as aprendizagens mais significativas.

Conclusão da categoria interação social

Diante da apresentação e discussão das categorias sobre a interação social da criança com TEA, podemos perceber que 1) em relação à interação entre os pares, o ambiente da educação infantil se constitui como um contexto importante de promoção da interação, possibilitando a ela aprender a se relacionar e desenvolver habilidades sociais; e 2) a importância da mediadora e da professora como facilitadoras que podem ampliar tanto a possibilidade de existência desses momentos quanto a qualidade das interações das crianças com os pares.

Vigotski (1997), ao trazer a dicussão sobre defectologia, defende a não segregação de estudantes com necessidades específicas, considerando que as interações sociais entre grupos heterogêneos são condições cruciais para o desenvolvimento do pensamento e da linguagem. Sendo assim, a escola é um espaço social propício para facilitar a construção dos relacionamentos no cotidiano, na qual decorrem as trocas entre os pares, professoras/professores e mediadoras/mediadores, o que certamente facilita à professora e ao professor planejar atividades desafiadoras, nas quais haverá a mediação das situações favoráveis ao desenvolvimento cognitivo, motor, social, emocional e linguístico.

Nos processos de interação, as funções assumidas pelas professoras e mediadoras foram de fundamental importância para favorecer os episódios e contribuir para o desenvolvimento dessa habilidade nas crianças com TEA. Dessa maneira, é importante perceber que, no contexto educacional, a prática pedagógica é fundamental na promoção do desenvolvimento e aprendizagem das crianças. Tratando-se de áreas em que, algumas crianças apresentam déficits, se faz necessário atentar para as características peculiares de cada criança, de modo a ampliar as possibilidades de contribuição das ações pedagógicas para o desenvolvimento de cada uma.

3.2 A inclusão escolar da criança com TEA no contexto da educação infantil

Neste subitem serão apresentados episódios ilustrativos de situações que envolveram professoras e mediadoras em momentos de inclusão escolar das crianças com TEA na educação infantil. De acordo com os registros analisados, foram encontrados 12 episódios no total, distribuídos em quatro categorias principais, são elas: direcionamento para interação com o grupo (04), repetição (03), suporte na atividade (04) e tempo de espera (01).

Na categoria *direcionamento para interação com o grupo* foram incluídos episódios em que a professora/mediadora conduziu a criança para que ela se engajasse com seus pares. Na segunda categoria, *repetição*, classifiquei os episódios em que a professora/mediadora repetiu a atividade por duas vezes ou mais, com intuito de incluir a criança quando ela não participava em uma primeira tentativa. Em *suporte na atividade*, foram selecionados os episódios em que foi oferecido apoio à criança para que ela participasse junto ao grupo – o que diferencia essa categoria no âmbito da inclusão e da interação, é que na interação envolve a troca com a professora/mediadora para execução da atividade, enquanto que na inclusão envolve o suporte para participação com o grupo. Por fim, na categoria *tempo de espera*, corresponde ao episódio em que a professora espera pelo tempo da criança para incluí-la com o grupo. Nas tabelas apresentadas a seguir, será possível identificar os episódios que envolvem a professora e a mediadora.

Tabela 31 – Episódios de inclusão escolar com a professora e com a mediadora

	\multicolumn{2}{c}{DIRECIONAMENTO PARA INTERAÇÃO COM O GRUPO}	\multicolumn{2}{c}{REPETIÇÃO}	\multicolumn{2}{c}{SUPORTE NA ATIVIDADE}	\multicolumn{2}{c}{TEMPO DE ESPERA}
	Prof.	Med.	Prof.	Med.	Prof.	Med.	Prof.	Med.
DAVI	2	1	1	0	1	0	0	0
DIANA	0	0	2	0	0	1	1	0
DANIEL	0	1	0	0	0	2	0	0
TOTAL	2	2	3	0	1	3	1	0

Fonte: a autora

Conforme ilustra a tabela acima, é possível perceber que as categorias *repetição e tempo de espera* não apresentam nenhum episódio das mediadoras; as categorias *direcionamento para interação com o grupo* e *suporte na atividade* apresentam o maior número de episódios e a categoria *tempo de espera* apresenta o menor número de episódios. A partir disso, apresento a seguir cada uma das categorias.

3.2.1.1 Direcionamento para interação com o grupo

Nessa categoria, não serão apresentados episódios com a criança 2 por serem inexistentes.

Tabela 32 – Criança 1

CRIANÇA 1			
NOME	Davi	**TEMPO NA ESCOLA**	2 anos
SÉRIE/IDADE	Infantil 3/ 4 anos	**PROFESSORA**	Claudia

Fonte: a autora

Episódio – Professora

Marcação temporal: Dia 2 (10:39 – 14:55)

Contexto: Estudantes da turma se encontram sentados nas mesinhas e a professora pede a ajuda de Davi para distribuição da atividade entre as crianças.

Início do episódio

De longe a professora diz "Davi, vou precisar da sua ajuda!" e se aproxima dizendo "Vem cá!". Então, Davi se levanta e vai para perto da professora, seu colega o segura com um abraço e a professora diz delicadamente "João, com licença.". A professora pega uma cadeira, coloca junto à mesa e diz "Senta aqui, tá Davi?", Davi se senta e aguarda, vendo e explorando o material existente na mesa. A professora pega uma cadeira e coloca ao lado de Davi. Estão sentados à mesa: Davi, a professora e mais três colegas da sala. Enquanto isso, o restante da turma está nas outras mesas em pequenos grupos. A professora começa a organizar o material para ser entregue às crianças para a atividade ser iniciada. Ao terminar o material [uma folha grande para desenho], enquanto dá nas mãos de Davi, a professora diz "Entregue pra seu amigo João. João!". Davi se levanta e sai andando com o papel para entregar, olha para o papel em suas mãos e coloca ele na frente de uma colega na mesa, a professora repete de longe "João!", mas Davi dá para essa colega e volta para professora. A professora diz para a colega

"Eduarda, João!", mas a colega também não compreende. Quando Davi chega na professora ela diz "Vá lá pegar a folha para dar pra João." [apontando para a colega que ele havia dado]. Davi vai, pega a folha com a colega e a professora diz para um colega "Samuel, você ajuda ele por favor?". Samuel se levanta para dar o suporte e pega na mão de Davi, a professora diz "Deixa ele levar até João!". Samuel mostra quem é João [apontando] e Davi entrega a folha, depois volta para professora. A professora dá uma nova folha e diz "Ana Luiza!", Davi recebe e entrega novamente para mesma colega que havia tentado entregar antes, a professora repete "Ana Luiza!", mas Davi deixa lá e volta para professora. O colega que está ajudando ele pega a folha e leva para a colega certa. Quando Davi chega na professora ela explica para que ele preste atenção ao colega que ela está pedindo e quando o colega que dá suporte a Davi chega ela também explica para que ele ajude Davi a entregar e não entregue sozinho e diz "Tá bom?", seu colega afirma com a cabeça que sim. A professora pega mais uma folha e, dando para Davi, diz "Cecília!". Davi para no meio da sala e o colega que o está ajudando o guia pela mão, mas em seguida pega a folha e entrega para a colega. Davi volta para professora. A professora entrega um novo papel e diz "Luiz!", quando o colega que está ajudando ele chega e tenta pegar o papel de Davi, a professora diz "Ele vai levar, deixa ele levar.", o colega vai acompanhando sem pegar o papel de sua mão, a professora repete "Luiz, Davi!". Davi demora um pouco olhando em volta seus colegas da sala e entrega o papel para criança correta, uma colega que está ao lado de Luiz, bate palmas. Davi volta para professora e se senta ao seu lado para esperar o próximo, a professora entrega para ele e diz baixinho o nome do colega para que ele entregue, ele vai, sozinho, e entrega de maneira apropriada para a criança certa.

Episódio – Mediadora

Marcação temporal: Dia 6 (0:00 – 1:20)

Contexto: É o momento de recreação e Davi está com alguns colegas na área externa. Existem dois tubos que as crianças se penduram e escorregam e Davi está junto de uma colega nessa brincadeira.

Início do episódio

Davi está com uma colega nos tubos e ambos caíram sentados no chão, a mediadora está organizando a postura dos dois para brincarem.

Davi e sua colega demonstram sorrisos e prazer na brincadeira. Aos 0:04 a colega de Davi sobe com a ajuda da mediadora, ele olha, tenta sozinho e, em seguida, sai correndo e pulando para outra área [porta da sala de aula], enquanto sua colega escorrega e cai sentada no chão. Aos 0:22 a mediadora traz Davi de volta para a brincadeira, dá suporte e ele escorrega, enquanto isso sua colega está no tubo a sua frente fazendo a mesma brincadeira. Eles repetem a ação algumas vezes. Quando a mediadora sai, Davi demora alguns segundos. Em seguida, anda de um lado para outro, olha para cima, anda em círculos, mas não faz sozinho, enquanto sua colega ainda está brincando.

Tabela 33 – Criança 3

CRIANÇA 3			
NOME	Daniel	**TEMPO NA ESCOLA**	3 anos
SÉRIE/IDADE	Infantil 5/ 6 anos	**PROFESSORA**	Joana

Fonte: a autora

Episódio – Mediadora

Marcação temporal: Dia 2 (0:00 – 0:24)

Contexto: Daniel está no campinho com mais dois colegas que estão jogando futebol. A mediadora está observando na área externa a brincadeira.

Início do episódio

Daniel está com a bola nas mãos e joga para cima, um colega pega com o pé, faz embaixadinhas e chuta para o gol, onde tem outro colega como goleiro. Daniel observa toda ação e acompanha a bola com o corpo e o olhar. O goleiro toca para o outro colega, a mediadora que está do lado de fora diz "Toca pra Daniel!", em seguida ele chuta para Daniel, que abaixa, pega com a mão e joga para cima em direção ao colega que jogou para ele.

Reflexão sobre os episódios da categoria Direcionamento para interação com o grupo

Nos episódios dessa categoria é possível perceber que a professora e as mediadoras reconhecem a importância da interação social das crianças e do desenvolvimento dessa habilidade, por esse fator, incentivam e oferecem suporte durante os momentos de interação com o grupo.

No ambiente inclusivo, adultos e crianças formam um conjunto de mediadores da cultura possibilitando avanços no desenvolvimento da criança com TEA. Nessa perspectiva, cabe analisar as diversas relações no espaço escolar, como professor/professora-estudante mediadora/mediador-estudante e criança-criança. Para Vigotski (1994), a construção do conhecimento constitui-se coletivamente, portanto sem ignorar a ação intrapsíquica do sujeito.

No primeiro episódio em que a professora solicita ajuda da criança para distribuição das atividades, é possível perceber as diferentes estratégias utilizadas por ela para que a criança se aproxime dos pares e interaja com eles. Além da estratégia de solicitar ajuda da criança nesse momento, a professora utiliza a repetição, o suporte verbal, tempo de espera e solicitação do suporte de um colega para ajudar a criança. De acordo com Louro (2012), a inclusão de estudantes com deficiência sempre exigirá estratégias alternativas, bem como um tempo de aprendizado maior que aquele dispensado aos estudantes sem deficiência, além de um bom planejamento, de organização e envolvimento por parte de professores/professoras para incluir os/as alunos/alunas.

Nos episódios que se seguem das mediadoras, é possível perceber a importância do suporte também nos momentos de recreação e brincar livre das crianças. Considerando que na educação infantil o brincar merece importante destaque pela sua importância no desenvolvimento e na aprendizagem das crianças, percebo como fundamental que esse suporte para o desenvolvimento das habilidades sociais das crianças com TEA aconteça durante todos os momentos necessários.

3.2.1.2 Repetição

Nessa categoria, não houve episódios da criança 3, por esse fator, não serão apresentados.

Tabela 34 – Criança 1

CRIANÇA 1			
NOME	Davi	**TEMPO NA ESCOLA**	2 anos
SÉRIE/IDADE	Infantil 3/ 4 anos	**PROFESSORA**	Claudia

Fonte: a autora

Episódio – Professora

Marcação temporal: Dia 3 (3:24 – 6:20)

Contexto: As crianças estão sentadas no chão em roda com a professora. Davi está sentado com os colegas, olha para professora e presta atenção quando ela fala, também repara tudo ao seu redor olhando para cima e para os lados. Está na hora da chegada das crianças, então a roda ainda está se formando, a professora e a mediadora estão organizando o grupo. Após esse momento de organização, a professora começa a explicar a atividade. Ela tem quatro imagens nas mãos, do tamanho de folhas de papel A4 cada uma, com quatro etapas do crescimento da planta, e explica que vai chamar uma criança por vez para que eles formem a sequência correta, de acordo com a atividade realizada no dia anterior. Davi boceja, olha ao redor, olha para o primeiro colega que é chamado para fazer, sorri, demonstra prestar atenção na maior parte do tempo, no entanto, em alguns momentos quando se mostra distraído olhando o ambiente ao redor [para cima e para os lados] sorri, aparentemente de maneira desconectada do contexto, pois não sorri de nenhuma situação que acontece no momento. A professora faz perguntas e algumas crianças respondem, ele não responde verbalmente, mas observa o que acontece.

Início do episódio

Após chamar dois colegas, a professora diz "Davi?", para chamar sua atenção para atividade, pois a criança estava olhando para cima, mas ele já se desloca para o centro da roda achando que é sua vez. Então a professora diz "Eu vou chamar Davi pra gente fazer!" e organiza o material para ele. Ela diz logo em seguida, "Davi, você pode ficar lá no seu lugar. Vá pro seu lugar.", apontando para o lugar dele [pois a criança havia se deslocado para o centro da roda e era necessário esse espaço central para que ela organizasse as imagens]. A criança permaneceu no mesmo lugar e olhando para professora, então, ela reforçou "Você pode ir lá pro seu lugar, vá pro seu lugar." [com o suporte visual do gesto apontando para o local da criança]. Davi volta para o seu lugar atendendo o comando adequadamente e ela diz "Isso, eu vou dá pra você, tá certo?", organiza os papéis e diz "Agora é a vez de Davi. Vamos ver... Davi vai organizar.". Entrega as figuras para ele. Davi segura as figuras por cinco segundos nas mãos, depois separa as figuras e começa a pôr na ordem. Enquanto Davi organiza, a professora narra "A semente. Depois ela começou a abrir a casquinha dela, depois ela começou a sair...". Davi, que já colocou todas as figuras no chão, fica alternando-as de lugar, depois recolhe todas as figuras e junta em suas mãos novamente, a professora diz "Espera que Davi está organizando.". Davi fica segurando as figuras e a professora diz "Você quer ir me dando, Davi? Pra professora botar aqui?" [apontando para o local no centro da roda]. Davi colocou uma figura no chão e nesse momento dá as três figuras que estão em suas mãos para professora que começa a dar suporte a ele. Primeiro pede para ele organizar as pernas que estavam esticadas para conseguir fazer melhor, depois distribui a sequência de figuras em ordem errada em sua frente para que ele organize de maneira correta. Inicialmente Davi fica parado observando, a professora diz "Pronto, Davi. Vai organizando.". Davi continua parado, a professora diz "Qual vem primeiro?", ele olha pra professora [dirigindo seu rosto para ela que está a sua esquerda] mas não responde verbalmente ou fisicamente. Ela diz "Aqui, Davi... Olha, cadê a semente?". Daí a professora se vira para todo o grupo e diz "Primeiro a gente plantou o quê? A se-men-te!", nesse momento Davi está pegando a figura da semente e a professora vai ao seu encontro com o corpo [se inclinando para seu lado], quando percebe que a criança acertou diz "Muito bem! Vamos botar a semente aqui!" [conduzindo a figura para o início da sequência]. Continua explicando "Depois a semente começou a abrir a casquinha. Qual é o outro agora?" [está direcionando o corpo, a pergunta e o olhar para Davi]. Espera um pouco e ele pega a figura correta e dá para ela. Ela organiza colocando a figura logo após a primeira. Ela continua explicando da mesma forma, "Olha! Agora ela rasgou a casquinha e agora tá começando a nascer a raiz. Cadê a raiz, Davi?" [Enquanto explica toca nas figuras mostrando o que está dizendo]. Davi troca e pega a figura errada nessa hora. Um colega que está ao seu lado, no mesmo momento que a professora conclui a pergunta, diz [apontando para a figura] "A raiz tá aqui!". Mas Davi permanece dando a mesma figura e a professora não diz que está errado, pergunta "É essa com a plantinha? E essa daqui?" [apontando para a outra figura]. O mesmo colega vai intervir e ela diz "É a vez de Davi, é a vez de Davi...". Ela dá um tempo para que Davi processe a informação e consiga dar continuidade, mas ele se perde e pega a primeira figura que já havia sido posta. Então, ela põe novamente um pouco em cima das demais figuras, seguindo a criança e esperando seu tempo, põe ao lado e diz "E a próxima?", ele então pega a segunda de maneira correta. Ela diz novamente "E a próxima, Davi? Qual é?" e ele pega a correta [que antes havia errado], ela diz "Muito bem!", um amigo ao lado bate palmas. E ela diz "E a próxima?" e ele dá a figura correta. No final ela diz "Palmas pra Davi! Muito bem!". Ele bate palmas com ela.

Tabela 35 – Criança 2

CRIANÇA 2			
NOME	Diana	**TEMPO NA ESCOLA**	Primeiro ano
SÉRIE/IDADE	Infantil 4/ 4 anos	**PROFESSORA**	Nayara

Fonte: a autora

Episódio – Professora

Marcação temporal: Dia 3 (1:10 – 1:38; 0:00 – 1:10; 0:00 – 0:17)

Contexto: A turma está na área externa para realização de uma atividade motora. Inicialmente a professora explica a atividade enquanto as crianças estão sentadas no chão observando o que deverá ser realizado. Existe uma fileira de cones e duas crianças são chamadas ao meio do grupo para realizar a atividade [em movimento na fileira de cones, a criança que está na frente derruba o cone e a que está atrás levanta]. No momento em que a primeira dupla é chamada, Diana levanta e a professora explica que depois será a vez dela. Enquanto as primeiras crianças fazem a atividade, ela observa. O episódio foi dividido em três partes por conta do intervalo de tempo presente nos momentos de participação da criança, no entanto, aconteceram consecutivamente.

Início do episódio 1.1

A professora diz "Diana!" [apontando para o lugar que ela deve se posicionar] e também chama sua colega Ester. Se aproxima das duas e abaixa para ficar do mesmo tamanho que elas dizendo "Presta atenção. Diana vai derrubar e..." [nesse momento Diana vai pegando no cone] a professora diz "Pera aí, deixa eu explicar... E Ester vai arrumar." [apontando para colega de Diana]. Levanta-se e conta "1, 2, 3 e já!". Os colegas do grupo que estão ao redor gritam o nome das duas meninas "Diana! Ester!", como estavam fazendo com todas as duplas anteriormente. Elas realizam a atividade adequadamente e todos/todas aplaudem. No final, Diana vai pulando para o seu lugar enquanto a professora diz "Senta lá no lugar." [apontando para o lugar dela], Diana fica de cócoras ao lado dos/das colegas.

Início do Episódio 1.2

Diana e sua colega estão em pé e a professora abaixa na altura das crianças. Diana e Ester estão pulando um pouco eufóricas, Diana também apresenta estereotipias movimentando seus dedos das mãos em frente aos olhos. Ester se aproxima bastante da professora que diz "Presta atenção. Ester vai derrubar...", Diana se distanciou um pouco e a professora olha para ela [enquanto a mediadora a guia de volta para perto da professora] e diz "Diana vai arrumar.". A professora amarra o cadarço de Diana que havia se soltado enquanto diz [virando-se para a colega de Diana] "Ester, devagar, tá certo? Devagar.". Vira-se para Diana e reforça "Diana vai arrumar. Ester vai derrubar e Diana vai arrumar.". E diz "Vai, Ester!", nesse momento está ao lado de Diana e diz "Arruma!" [apontando para o cone], mas Diana passa por cima, como se não estivesse compreendendo a troca de funções durante esse momento. Ester concluiu rapidamente enquanto a professora e Diana ainda estão no início. Então a professora toca na criança e a direciona dizendo "Diana vai arrumar. Vai arrumando." [levando-a de volta para o início]. A criança levanta o primeiro cone, no entanto, derruba logo em seguida, reproduzindo a função da primeira vez que havia realizado a atividade. A professora diz "Não, Diana...". Em seguida chama "Ester, bora de novo. Bora de novo.", levanta os cones e diz "Bora de novo, não valeu!". Nesse momento, Diana voltou para o lugar, como se já estivesse concluído a atividade e a colega Ester ajudou a professora a organizar os cones. A professora vira-se para Ester e diz "Ester, qual o nosso combinado? Que a gente espera um pouquinho o amigo, né?" A mediadora leva Diana, que estava sentada, para a posição de início do circuito e a professora e Ester também vão reiniciar. Em 0:49 a professora abaixa novamente na altura das crianças e diz "Presta atenção. Ester vai derrubar e Diana vai arrumar." [nesse momento, pega no cone derrubando] diz "Derrubou!" [mostrando na prática]. Pega na mão das duas e diz "Espera, Ester.". Ao lado das crianças diz "Derruba!" [Ester derruba], em seguida "Arruma, Diana!" [apontando para o que está no chão], mas Diana passa direto e a professora redireciona a criança, mas logo em seguida se vira para dizer "Espera, Ester!" e nesse momento Diana se retira correndo para o seu lugar e sentando em 1:06. A professora vira-se para ela e diz "Você não quer participar? Não quer? Tudo bem.". Diana permanece sentada.

Início do episódio 1.3

A professora chama Diana e Ester novamente para repetição do que não havia sido realizado anteriormente após assistirem vários colegas executarem e a atividade é realizada adequadamente.

Reflexão sobre os episódios da categoria Repetição

Nos episódios dessa categoria é possível notar que as crianças demonstram levar um certo tempo para compreender as informações, com isso o tempo de espera por parte das interlocutoras se tornou um facilitador para que pudessem responder. A maneira como as professoras utilizam a repetição, respeitam o tempo da criança e buscam oferecer novos modos para resolução da atividade em questão contribuiu para seu aprendizado. No caso do primeiro episódio, sequenciar as fases do desenvolvimento da planta com suporte visual, facilitou a interação e participação da criança durante esse momento. Embora as crianças não estivessem sempre olhando nos olhos da professora e de seus/suas colegas, sempre estavam acompanhando o que acontecia ao seu redor e os materiais que estavam sendo manipulados, ou seja, havia uma percepção do contexto que estava sendo vivenciado. Dessa maneira, na medida que a professora espera pelo tempo de processamento da criança e repete, demonstra de diversas formas e reformula, contribui para sua inclusão.

De acordo com Vigotski (2007, p. 19) "através de experiências repetidas, a criança aprende, de forma não expressa (mentalmente), a planejar sua atividade. Ao mesmo tempo ela requisita a assistência de outra pessoa, de acordo com as exigências do problema proposto". No entanto, é necessário destacar que o autor revela a importância da repetição em um contexto espontâneo, dinâmico e relacional, e não a repetição mecanicista. Ainda segundo ele, as ações, quando repetidas, acumulam-se umas sobre as outras, "sobrepondo-se como numa fotografia de exposição múltipla; os traços comuns tornam-se nítidos, e as diferenças tornam-se borradas. O resultado é a cristalização de um esquema, um princípio definido de atividade."(p. 8). Com a repetição e a experiência vivenciada, a criança adquire um número cada vez maior de modelos que passam a compreender e internalizar.

3.2.1.3 Suporte na atividade

Tabela 36 – Criança 1

CRIANÇA 1			
NOME	Davi	**TEMPO NA ESCOLA**	2 anos
SÉRIE/IDADE	Infantil 3/ 4 anos	**PROFESSORA**	Claudia

Fonte: a autora

Episódio – Professora

Marcação temporal: Dia 5 (3:51 – 4:50)

Contexto: A professora preparou um circuito de atividades motoras na área externa. Davi permanece sentado com sua turma esperando ser chamado. A professora chama duplas para realizar a atividade, nesse momento Davi olha ao redor, mas também observa quando o circuito é executado pelos colegas.

Início do episódio

Aos 3:51 a professora chama Davi e outra criança para realização da atividade. Ele se levanta espontaneamente e no mesmo momento inicia o circuito, a professora diz "Espera, Davi. Volta!" e pede para que ele se aproxime dela e do colega que irá junto a ele. A criança para no mesmo lugar. A professora reforça "Davi, volta aqui!" [apontando para o lugar que ele deve se posicionar] e ele volta. A professora organiza as duas crianças lado a lado e em 4:07 apita para que a primeira saia, dando suporte a Davi para que ele inicialmente veja a ação antes de executá-la. Aos 4:09 diz "Vai, Davi!" e apita novamente. Davi segue fazendo o circuito, apresentando um pouco de dificuldade em pular com os dois pés juntos, mas adaptando. O colega de Davi que estava a sua frente erra o percurso e não retorna, continuando correndo em frente, a criança vai seguindo o percurso dele e a professora apita para que voltem, quando percebe que Davi não volta, segue para dar suporte a ele o alcançando e o guiando de volta até o circuito. Aos 4:36 Davi retoma o circuito com o suporte da professora e finaliza voltando aos 4:50.

Tabela 37 – Criança 2

CRIANÇA 2			
NOME	Diana	TEMPO NA ESCOLA	Primeiro ano
SÉRIE/IDADE	Infantil 4/ 4 anos	PROFESSORA	Nayara

Fonte: a autora

Episódio – Mediadora

Marcação temporal: Dia 1 (1:43 – 3:07)

Contexto: Diana e as demais crianças do grupo estão na pista que existe na área externa do pátio, cada uma com um carrinho de brinquedo que trouxe de casa para pôr em prática a conversa sobre os meios de transportes e o trânsito, iniciada pela professora no momento da roda de conversa em sala de aula. A professora pede que todas as crianças se posicionem antes da faixa de pedestres para começar. Nesse momento, Diana e algumas crianças estão em pé e a mediadora diz "Diana, coloque o carro no chão!". A criança atende o comando, se abaixa e põe seu carro no lugar correto, ao lado de seu grupo. Algumas crianças são destinadas a função de pedestres e a professora segura o sinal de trânsito na mão. A professora abaixa na altura das crianças e inicia uma explicação sobre o sinal de trânsito, perguntando algumas coisas enquanto as crianças respondem. Diana permanece junto ao grupo, olha o ambiente ao redor sem fixar o olhar na professora e não responde suas perguntas com o restante do grupo. Diana olha por bastante tempo para seu carrinho e brinca de movimentá-lo durante o momento em que a professora explica a atividade.

Início do episódio

Em 1:43, Diana, que estava observando seu entorno enquanto a professora explicava, deixa seu carrinho e levanta-se do seu lugar junto do grupo para pegar alguns animais de brinquedo que estavam próximos. Nesse momento, a atividade se inicia e os/as colegas começam a se deslocar com seus carrinhos na pista. A professora se aproxima e diz "Diana, bora lá!", logo após a mediadora se aproxima e oferece suporte para que Diana coloque os animais no mesmo lugar e retorne para atividade. Ela anda em direção ao grupo e a professora direciona "Pegue seu carro!", tocando-a e apontando para o carrinho que Diana aparenta ter esquecido. Ela pega seu carrinho e acompanha o grupo andando com ele na mão e olhando ao redor. A mediadora se aproxima e conduz a criança fisicamente, guiando-a para colocar o carro no chão e acompanhar o grupo da maneira apropriada para a atividade, a criança segue o comando e as demais crianças do grupo. Inicialmente a mediadora acompanha Diana andando próxima a criança para dar suporte quando ela necessita ou se desvia do caminho. Quando a criança solta o carrinho, empurra-o ajudando e a criança retoma a atividade. Quando está próxima do final, completando a volta na pista, Diana, como as demais crianças do grupo, levanta-se e corre com o carrinho nas mãos. Logo em seguida, ao perceber a maioria do grupo, retoma a posição da brincadeira e dá continuidade sem o suporte da mediadora.

Tabela 38 – Criança 3

CRIANÇA 3			
NOME	Daniel	**TEMPO NA ESCOLA**	3 anos
SÉRIE/IDADE	Infantil 5/ 6 anos	**PROFESSORA**	Joana

Fonte: a autora

Episódio – Mediadora

Marcação temporal: Dia 5 (2:34 – 3:01)

Contexto: Na área externa, os meninos da sala de Daniel estão em filas para fazer a corrida da laranja na colher, a mediadora está na fila ao lado de Daniel segurando sua mão. Em alguns momentos Daniel demonstra inquietação, como se estivesse com vontade de sair algumas vezes.

Início do episódio

Em 2:34 a mediadora dá a colher com a laranja em cima na mão de Daniel, que pega. Contudo, ao dar os dois primeiros passos, derruba em 2:38, parando logo em seguida e acompanhando com o olhar a fruta. A mediadora se antecipa e pega a fruta, enquanto a criança aguarda em pé. Ela coloca de volta na colher de Daniel que sorri e volta a andar, pondo a outra mão embaixo para ajudar no equilíbrio. A mediadora acompanha Daniel com a mão esquerda em suas costas e com a mão direita ao lado da mão da criança, tocando-a quando considera necessário. Em 2:48, a laranja volta a cair. Mais uma vez Daniel para e observa a fruta, a mediadora abaixa, pega e coloca novamente na colher da criança, manipulando sua mão para pegá-la em alguns momentos. A ação se repete em 2:58 e a criança finaliza o circuito em 3:01, sendo guiada corporalmente pela mediadora para passar a colher e a laranja para outra criança que está na fila.

Reflexão sobre os episódios da categoria Suporte na atividade

Segundo Vigostki (2007), o desenvolvimento da criança ocorre na sua participação nas redes de relações que constitui a dinâmica social. Nesse processo, a criança conta com parceiros/parceiras mais experientes, nesse caso professora e mediadora, que lhe asseguram gradativa apropriação de diversos elementos historicamente concebidos em sua cultura: formas de relações sociais cotidianas, costumes, linguagem, valores, técnicas e conhecimentos. Nos episódios vistos acima, é possível perceber a importância do suporte oferecido às crianças para que participassem das atividades com o grupo.

No segundo episódio é possível perceber que o comando verbal não foi suficiente para que Diana retornasse à atividade, a mediação da mediadora de acompanhar a criança e norteá-la de volta, contribuiu para que ela estivesse inclusa durante esse momento. Considero importante destacar que toda a ação motora foi executada pela criança, o que é de extrema importância para que ela possa desenvolver suas habilidades a partir das experiências vivenciadas. Nos casos em que a ação é executada pelo/pela profissional manipulando a criança, ela não vivencia a experiência e com isso o desenvolvimento das habilidades de sequenciamento e execução ficam comprometidos. O suporte oferecido à criança quando a mediadora a acompanha inicialmente sem executar a ação, possibilita a Diana mais segurança no ambiente. Após o momento que a criança já se sente segura e consegue executar sozinha, a mediação sairá gradativamente.

No último episódio da mediadora, em alguns momentos, ela tentou conduzir a criança utilizando o toque, o suporte para manipulação do instrumento e antecipação da ação quando a fruta cai. Considero importante destacar que, de acordo com a perspectiva sócio-histórica, a criança não é um ser passivo, um organismo que deve ser controlado e manipulado pelo meio e suas forças externas, pelo contrário, é um ser ativo. Desse modo, considerando, também, os diferentes tempos de processamento, nas interações, deve-se possibilitar mais tempo de espera por parte dos/das mediadores/mediadoras e professores/professoras para que possam atuar ativamente. No último episódio apresentado, da mediadora, percebemos a conexão e atenção da criança durante a atividade, sua percepção quando a fruta cai e acredito que, se houvesse tempo de espera durante a ação, ela pegaria de maneira independente a fruta para continuar a atividade.

3.2.1.4 Tempo de espera

Nessa categoria, não houve episódios da criança 1, por esse fator, não serão apresentados.

Tabela 39 – Criança 2

CRIANÇA 2				
NOME	Diana	**TEMPO NA ESCOLA**	Primeiro ano
SÉRIE/IDADE	Infantil 4/ 4 anos	**PROFESSORA**	Nayara

Fonte: a autora

Episódio – Professora

Marcação temporal: Dia 2 (6:50- 8:56)

Contexto: Diana está sentada no chão com toda turma em roda e a professora trouxe um espelho para realizar uma atividade com o grupo. Inicialmente a professora expõe como a atividade será, em seguida, inicia passando o espelho para as crianças, sendo uma de cada vez, para que possam se olhar e dizer quem estão vendo e alguma característica específica ou algum comentário livre.

Início do episódio

Em 6:50 Diana pega o espelho para se olhar. A professora pergunta "Quem é?", sua colega Ester diz ao seu lado "Diana!". Diana sorriu bastante olhando apenas para o espelho. A professora repetiu "Diana!". Sua colega Ester se aproximou e se olhou ao seu lado. A professora disse "Ê! Diana!". Diana pegou o espelho da mão da professora e se levantou, mudou de lugar indo para o canto da roda. A professora diz para o grupo "Deixa ela ver, calma.". Uma colega tenta pegar o espelho de Diana e a professora diz "Liza, vamos respeitar? Daqui a pouco a prof vai pegar.". A professora conversa um pouco com o grupo dando um tempo para Diana se ver no espelho e enquanto isso Diana se olha bastante. Aos 8:02 a professora diz "Diana..." e se aproxima devagar dela. Quando chega ao seu lado diz "Diana, volte lá para o seu lugar."[apontando para o antigo lugar dela], "Vá para o seu lugar..." e Diana levanta segurando o espelho. Ela diz "Dá licença!", enquanto Diana está passando e indo para o seu lugar. Diana chega no seu lugar e se senta, ainda se olhando no espelho, fica de costas para os/as colegas e a professora diz "Se organiza, Diana!", ela se vira para frente. A professora pede para que ela se organize novamente, cruzando as pernas e a criança segue o comando adequadamente. Antes de retirar o espelho após esperar um tempo, a professora explica a Diana "Agora a professora vai pegar, tá bom? Depois eu dou de novo a você, tá certo? Falta Marina ainda." [apontando para colega do lado], Diana segura um pouco e a professora diz "Preciso emprestar a Marina pra ela ver." [Diana segura com força, enquanto a professora segura tranquilamente aguardando seu tempo] "Depois Diana vê de novo, tira a mão..." e Diana solta, "Obrigada, Diana.".

Reflexão sobre o episódio da categoria Tempo de espera

Considerando os interesses restritos das crianças com TEA, a maneira como observam o ambiente, recebem e respondem às informações, iniciam interações e ações; o tempo de espera pela criança é um facilitador para a sua participação. Muitas vezes, as crianças precisam observar inicialmente antes de executar, por exemplo, outras vezes, após o tempo de espera por parte do outro, a criança inicia ações de seu interesse. Nesse episódio, é possível perceber como foi significativo para a inclusão da criança no momento com o grupo o tempo de espera da professora para que ela pudesse explorar o objeto. Sabendo da necessidade da criança que apresenta interesses diversos por objetos e explora-os detalhadamente, a professora utilizou a estratégia de deixar que ela permanecesse por mais tempo com o objeto para, em seguida, dar continuidade à atividade. Para isso, percebo que foi necessário que a professora apresentasse uma compreensão do perfil da sua aluna, compreendesse suas necessidades e determinasse os limites de tempo para ela, respeitando seu modo de ser e estar naquele espaço.

De acordo com Mantoan (2006), para se ter de fato inclusão é necessário que a escola mude como um todo para atender todas as necessidades provenientes dos/das estudantes com necessidades específicas. Relacionando a presente categoria com esse aspecto, percebo que a mudança se inicia na postura de cada profissional presente nesse contexto. Nesse caso, a percepção, flexibilidade e a atitude da professora após conhecer o perfil e das necessidades de sua aluna, diante da situação possibilitaram à criança ser incluída no grupo.

Conclusão da categoria inclusão escolar

Embora a inclusão seja um direito garantido por lei, a questão da acessibilidade, permanência das/dos alunas/alunos nas atividades, envolvimento e pertencimento ao grupo são de fundamental importância. A equipe escolar é crucial para que a inclusão alcance êxito pois, a prática docente, apenas da professora ou do professor, mostra-se restrita para contemplar a inclusão. Diante disso, ganha destaque a prática pedagógica, na qual todos e todas as/os profissionais atuam conjuntamente, podendo contribuir significativamente para que a criança esteja com o grupo, participe, interaja, troque e se sinta pertencente ao contexto escolar.

As mudanças necessárias para o acolhimento das crianças com necessidades educacionais específicas requerem uma nova visão da equipe pedagógica sobre essa população, um acolhimento que se paute em princípios éticos, igualitários e equitativos. Dessa forma, torna-se necessário a equipe pedagógica refletir sobre sua formação e seu preparo para atuar na escola que está para todos e todas, considerando a heterogeneidade do grupo.

A prática pedagógica adequada em face do processo de inclusão é de fundamental importância, sendo necessário que cada um dos envolvidos se perceba como um agente facilitador dos processos de aprendizagem e desenvolvimento. Que cada estudante possa ser visto como um sujeito singular, que tem uma história própria, que traz consigo conhecimentos anteriores à vida escolar e que se constitui por meio das relações sociais existentes no contexto social.

Nesse contexto inclusivo, é importante que haja uma mediação para cada criança que precisa com recursos que promovam a aprendizagem e o desenvolvimento pleno, já que todas são capazes de superar-se e avançar, desde que sejam ofertadas as condições necessárias. Na mediação realizada por uma pessoa adulta mais experiente em turmas heterogêneas, as crianças em diferentes níveis de desenvolvimento trabalhando juntas com suas diferenças são capazes de se desenvolverem quando a *zona do desenvolvimento proximal* é ativada, possibilitando, a partir da inclusão, avanços da aprendizagem e do desenvolvimento.

3.3 Concepções das professoras sobre prática docente, interação social e inclusão escolar de crianças com TEA na educação infantil

Como parte dos objetivos da pesquisa realizada neste livro, busquei investigar as concepções das professoras sobre suas práticas na educação infantil e, em particular, com crianças com TEA. Tal objetivo me levou a entrevistar as professoras para identificar em suas narrativas situações que evidenciam sua atuação no sentido de promover interação e inclusão das crianças.

A partir das entrevistas realizadas foi possível traçar um perfil das professoras que fizeram parte da pesquisa. Conforme apresentado na *Tabela 2*, são três mulheres, com idades entre 27 e 44 anos, formadas em Pedagogia, duas com pós-graduação e uma pós-graduanda. Na escola, as professoras contam com o suporte de uma estagiária e uma auxiliar de serviços gerais em cada sala; de uma psicóloga que atua na educação infantil; e da professora itinerante (pedagoga, psicopedagoga e especialista em educação especial).

3.3.1 A interação social na educação infantil das crianças com TEA a partir da perspectiva das docentes

Todo ser humano vive e se constitui a partir da constante interação que estabelece com seu meio. As experiências cotidianas na escola são de grande importância nesse processo, pois oportunizam às crianças a construção de relações sociais, afetivas e cognitivas com seus pares e adultos. Dessa forma, busquei investigar as concepções das professoras a respeito da relação estabelecida entre elas e as crianças e entre a criança e seus pares. Norteei meu olhar a partir das categorias encontradas na análise dos vídeos, investigando as concepções das docentes ao mesmo tempo em que observei se havia alguma relação com as categorias que emergiram. Quando questionadas sobre como as crianças se relacionam com as docentes, destacaram:

> *Olha, comigo, eu via uma boa interação dele comigo, acho que a gente se comunicava muito bem, mesmo sem essa fala dele, a gente conseguia se comunicar muito bem...* [Claudia]

> *Sim, quando ela precisava de alguma coisa, quando ela precisava ouvir comandos e obedecer regras de limites...* [Nayara]

> *Ah, ele abraça, sorri... Ele gosta de soprar no ouvido, aí pede pra eu soprar no ouvido dele, empurra meu rosto pra ficar soprando no ouvido dele...* [Joana]

Nas falas das docentes é possível perceber momentos bem distintos destacados por elas em resposta a uma mesma pergunta. No entanto, é possível notar também que elas destacam a comunicação no processo interacional, compreendendo que os processos de interação e comunicação estão interligados, "dado que a interação acontece sempre dentro de um processo de comunicação que a propicia e engloba" (PASSERINO, 2005, p. 19). Na segunda resposta, da professora Nayara, é possível perceber que a categoria *direcionamentos,* encontrada na análise dos vídeos, é percebida por ela como importante no processo interacional. No caso da professora Joana, é relatada uma situação específica de momentos de troca interacional prazerosa. Em todas as situações é perceptível a importância de troca entre sujeitos mais experientes e menos experientes, pois essas situações possibilitam que seja oferecido o suporte necessário para o sujeito que dele necessita. Como destacado por Vigotski (2007), é com auxílio dos sujeitos mais experientes que o desenvolvimento e a aprendizagem acontecem. Sendo assim, essas interações são fundamentais no desenvolvimento infantil.

Na perspectiva sócio-histórica apresentada nessa pesquisa, Vigotski (2007) destaca que a interação é vista como processo social no qual os sujeitos constroem seus conhecimentos e se constituem em uma inter-relação constante entre os fatores internos e externos. Considerando a presença da interação entre os pares no contexto escolar, questionei as professoras sobre a relação das crianças com seus pares e elas destacaram:

> *Olha, Davi tem uma boa relação com os amigos, mas, assim... mais na dele, é uma característica... Só que se uma criança chamasse ele pra brincar, ele aceitava... E quando eu pedia "Davi, vai chamar, por exemplo, Maria Luiza...", porque tem umas crianças mais específicas que aceitavam mais, as outras não queriam sair da brincadeira pra parar, mas tinham outras que paravam e chamavam ele, ele aceitava... Mas era assim, a brincadeira não demorava, sabe?... Poucas brincadeiras tipo, assim, brincar no cavalinho – naquele cavalinho que tinha aí atrás – aí ele aceitava, mas correr, corria mas parava...*[Claudia]

> *Ela interage pouco... Até interagia, né? Pouco com os amigos... Os amigos também, os meninos até se esforçavam... Por exemplo, no parque, ela corria... Fernanda corria muito atrás dela, Juju corria às vezes... Elas brincavam... Mas às vezes Diana brincava só, às vezes ela queria ficar sozinha...* [Nayara]

> *Ele ficava muito bem, buscava os amigos pra brincar, e aí ele participava das brincadeiras com os meninos. No início ele ficava isolado, mas aí eu fiz um trabalho com a turma que buscava ele sempre. E aí no fim do ano ele tava jogando bola com os meninos no campinho, ele ficava sentado na roda, ouvindo o que os meninos estavam falando... O olhar dele era como se quisesse falar também mas como não conseguia, então ele sorria com as histórias que os meninos contavam, dependendo da brincadeira...*[Joana]

Em suas falas é possível perceber a dificuldade das crianças com a iniciação na interação entre os pares. Além disso, na fala da professora Claudia, é perceptível as categorias *brincadeira com movimento* e *iniciação do/da colega*, encontradas na análise. A primeira é também percebida por ela como momento de prazer que a criança aceita e participa com os/as colegas com mais facilidade do que em outros momentos e a segunda mostra que as professoras também auxiliam no cotidiano a iniciação dos/das colegas para buscar a criança para brincar. Conforme destacado anteriormente, as brincadeiras na educação infantil contribuem para o desenvolvimento social, cognitivo, emocional e motor das crianças, pois inseridas no contexto social da brincadeira elas descobrem a si, o outro e o mundo. Smith (2006, p. 26) destaca que "o comportamento de brincar é uma maneira útil de a criança adquirir habilidades desenvolvimentais – sociais, intelectuais, criativas e físicas". Diante disso, é fundamental a intervenção de educadores e educadoras durante as brincadeiras para estimular a interação, aprendizagem e desenvolvimento da criança.

No cotidiano, a interação social acontece naturalmente entre os sujeitos, no entanto, com crianças que apresentam déficits nessa área, o suporte oferecido pelas professoras é fundamental. As docentes destacaram as dificuldades encontradas pelas crianças com TEA a nível de interação social, segundo sua visão. Em suas palavras disseram que:

> *Por parte dele é a questão de iniciar e de dar continuidade também.*[Claudia]
>
> *Eu acho que é mais em se relacionar com o outro, né? Em brincar, interagir mesmo, com os amigos, com os pais, todos...* [Nayara]
>
> *Eu acho que a maior dificuldade dele é porque ele não fala, né?! Então aí fica difícil pra ele interagir totalmente, mas eu acho que ele dá o máximo que ele pode... Porque antes ninguém chegava perto dele, ninguém tocava... Ele chegou pra mim que não dava um abraço, aos pouquinhos a gente conseguiu...* [Joana]

Em suas colocações, é possível perceber a dificuldade com a categoria *iniciação*, apresentada na análise dos vídeos. De acordo com Fiore-Correia e Lampreia (2012, p. 212), sobre o déficit de iniciação,

> No que diz respeito à forma como proceder, é fundamental a utilização de padrões de interação social que ocorrem naturalmente. Deve ser dado à criança o papel de iniciador, seguindo-se seu foco de atenção e sua motivação. É importante também oferecer escolhas e alternativas à criança nas atividades, assim como reconhecer e responder a sua intenção.

A partir desse enfoque, analiso o processo que se estabelece na interação social de pessoas com autismo, que, embora se diferenciem da interação das pessoas sem autismo, que envolve outro tipo de comunicação, acontece de uma maneira própria. Dessa forma, percebo a importância de ter uma compreensão sobre a maneira como a criança comunica e interage, para seguir sua liderança em relação aos interesses e brincadeiras, bem como sua intencionalidade, e, assim, expandir o processo interacional, pontos também destacados pelas professoras como impactantes.

Quando questionadas sobre quais estratégias utilizavam para facilitar a interação social das crianças com TEA, as professoras destacaram

> *Olha, eu geralmente pedia pra uma criança fazer ou intermediar, por exemplo, uma brincadeira "Vamos fazer uma brincadeira... Aí, fulana, chama Davi... Então, Davi, vá com Maria Helena, vá com Samuel...", brincar de roda, fazer essa dinâmica de roda... Eu pedia pra ele chamar... "Pegue na mão de Samuel, vá dançar com ele..." Dava pra fazer esse tipo de iniciação, né? Pra ele mesmo... Mas geralmente partia dos meninos, porque levantava mais a criança... O grupo aceitava numa boa, a relação do grupo com ele era ótima...* [Claudia]

> *Roda de leitura, por exemplo, uma atividade que era musical, no início da tarde, cada criança tinha um pandeiro, tinha um pandeiro só e ia passando, aí cada criança escolhia uma música que ela queria tocar... A gente buscava várias estratégias, entendeu? Então, uma roda uma atividade de jogo, uma atividade que ela participasse e o que é que ela queria. Quem ela ia chamar pra fazer tal atividade com ela, entendeu? Então, a gente ia fazendo assim...* [Nayara]

> *Puxava e dava abraço e beijo, até ele aceitar...* [Joana]

Conforme visto na fala das professoras, uma das estratégias utilizada é facilitar a interação entre as crianças utilizando os pares nesses momentos. De acordo com Fiore-Correia Lampreia (2012, p. 211), a brincadeira com os pares

> [...] é uma estratégia importante para expandir e diversificar o repertório comunicativo de autistas, proporcionando um contexto para a coordenação de ações conjuntas e para a referenciação social. Assim, o jogo com pares pode servir de veículo principal para as crianças aprenderem a se dar conta das necessidades e perspectivas dos outros porque envolve a atenção compartilhada, a alternância de turno e a imitação recíproca. Uma estratégia de intervenção é envolver pares mais experientes.

Sendo assim, a interação com os pares mais experientes contribui para o desenvolvimento dos menos experientes, ajudando-os a compreender os comportamentos comunicativos, interacionais e criar estratégias de trocas durante essas situações, pois a interação não pode ser pensada como um processo linear, ela deve ser vista como processo relacional em que os sujeitos estão ativamente envolvidos, com dinâmica e regras próprias e específicas de cada indivíduo.

3.3.2 Inclusão escolar e prática docente a partir da visão das professoras da educação infantil

Inicio a discussão sobre esse tópico questionando as professoras sobre sua concepção a respeito do conceito do autismo para, em seguida, levantarmos questionamentos sobre suas práticas e sobre a inclusão. De acordo com elas

> [...] eu não vejo o autismo, eu vejo a criança. Aí quando eu falo autismo, parece que eu generalizo e quando eu recebo essas crianças diferentes, eu falo "Gente é tão diferente, que não dá pra dizer assim... Autismo. Ele é autista", eu sei que ele é autista, mas eu não consigo ver a criança autista, eu consigo ver que as crianças são diferentes, de formas diferentes que eu tenho que trabalhar. Mas eu não sei especificar o que é o autismo, sabe? Eu não consigo ver esse autismo de uma forma mais especifica..." [Claudia]

> [...] eu percebo que, o autismo em si, é essa dificuldade maior que a criança tem em se relacionar com os pares e expor o que tá pensando, mas que isso não impede ele, entendeu? De participar e de estar plenamente no espaço social, de forma alguma... Agora, assim, a gente precisa entender, ter essa formação um pouquinho maior para entender e respeitar as especificidades de cada criança, entendesse? Enquanto pessoa, pra ver aquela criança e respeitar enquanto sujeito, pra formação humana dela. Dela e do grupo, pra que não se precise dizer "Olha, ela é autista", mas que o grupo saiba que ela tem necessidades que precisam ser respeitadas em certos momentos e que eles percebam que ela... tanto ela como outras crianças, precisam desse momento nesse processo. [Nayara]

> [...] o autismo pra mim é sempre uma dúvida, é uma eterna dúvida. Por mais que a gente estude, por mais que a gente veja, sempre é uma criança diferente, porque é sempre de um jeito diferente, por mais que as outras sejam, é mais fácil pra gente saber como lidar... Com eles a gente tem que ter um olhar muito mais diferente, porque é sempre essa necessidade da nossa ajuda, e a gente tem que tá disposta a isso, acho que é isso. [Joana]

Na fala das professoras podemos identificar o respeito delas à singularidade de cada criança, considerando que, da mesma forma que não existem duas crianças sem deficiência iguais, não existem duas crianças no espectro da mesma maneira, o que existem são as diferenças individuais e cada caso é específico, embora compartilhem o mesmo diagnóstico. No que se refere especificamente à concepção sobre autismo, é notável também a percepção delas sobre as dificuldades nas áreas de interação e comportamento, o que muitas vezes se mostra como um desafio.

Considerando a prática docente, emerge a importância de questionar as professoras se elas se percebiam preparadas para lidar com as crianças com diagnóstico de TEA na educação infantil, elas destacaram que

> Assim... teoricamente não. No conhecimento teórico, conhecimento aprofundado, não. Mas na prática, eu acho assim, que eu tenho conseguido fazer um trabalho que tem correspondido a minha experiência... Eu acho que essa relação que acaba acontecendo comigo e a criança, como ele corresponde na sala, como ele tem participado das atividades, como ele tem crescido nas atividades, eu acho que nesse ponto eu consigo... Agora, com conhecimento específico, teórico, eu não tenho esse aprofundamento teórico... [Claudia]

> Olha, eu acho que pronta a gente nunca tá, porque assim, tudo é um desafio, né? É o novo, o desconhecido, cada criança... Por mais que você leia, curta coisas na internet, saia lendo nos jornais e livros, saia lendo o que tá escrito... Vai tá assim "Crianças autistas tem tais características, tem tais estereótipos, tem a dificuldade da comunicação verbal". Quando você pega uma criança autista, é totalmente diferente... Hoje eu tive Diana, mas tem Arthur de manhã, que é completamente diferente... Então, assim, cada criança é de uma forma. Eles têm algumas coisas em comum, mas eles são muito diferentes. Então, assim, pronta nós nunca estamos, mas aí a gente vai buscando... Mas só em a gente se dispor a olhar no olho da criança e dizer "Eu estou com você, você tem essa dificuldade mas nós estamos juntos nesse processo e eu estou aqui pra lhe ajudar"...assim, eu não sei disso, vou e peço à Ana [professora itinerante] orientação "Ana, tal criança, como é que eu posso ajudar?" ou pesquiso na internet, vou fazendo assim..." [Nayara]

> Não pronta porque na verdade a gente nunca tá pronta em formação, mas assim, como eu te falei, como eu já tive vários níveis, então eu já sei um pouquinho de cada coisa, né? Mas aí a gente só sabe lidar no dia a dia... Porque enquanto com um eu fazia um trabalho, com outro eu não vou fazer daquele jeito, depende da necessidade da criança, depende do contexto... Se a família aceita, quais são os especialistas que estão com ele... Porque o bom é que a gente tem essa troca, conversa com a T.O e fala "Assim não dá certo, vamos fazer assim" sempre procurando o melhor... Então, quando a gente tem toda uma ajuda da família e dos terapeutas, então é mais fácil pra a gente lidar, né? Mas eu acho que é uma

> *constante aprendizagem, a gente tem que tá estudando cada dia mais, buscando pra tentar entender..."* [Joana]

Nesse contexto, é possível perceber a importância que elas dão à troca de saberes entre colegas de trabalho no exercício da profissão e aos saberes experienciais. Em definição desse saber, Tardif (2002, p. 39) diz que os próprios professores, no exercício de sua profissão, desenvolvem saberes baseados em seu trabalho cotidiano e no conhecimento de seu meio. "Esses saberes brotam da experiência e são por ela validados. Eles incorporam-se à experiência individual e coletiva sob a forma de habitus e de habilidades, de saber-fazer e de saber-ser". Segundo as professoras, as trocas entre profissionais que atuam com a criança em ambiente terapêutico e a escola, traz contribuições significativas para o desenvolvimento e aprendizagem da criança, além de contribuir para sua prática.

Com relação aos fatores que dificultam o trabalho com as crianças com TEA, as professoras destacaram como principais dificuldades a questão comunicacional da criança e de práticas organizacionais inclusivas do contexto educacional, como, por exemplo, formações específicas.

> *[...] tem a dificuldade, porque ele não responde como os outros, essa fala, esse olhar, esse imediato que a gente quer do outro, é a dificuldade que eu tenho, mas é uma dificuldade que a pessoa só consegue fazendo o trabalho com eles.* [Claudia]

> *Eu acho que a dificuldade maior é organizacional. Estrutura mesmo, enquanto escola e educação. Porque assim, integrar é muito fácil, agora incluir, né? Fazer todo esse trabalho de inclusão, ter todo esse respaldo... Ter esse apoio, assim, vamos fazer... É o que é mais difícil. Eu acho que a escola em si, precisa começar a ver a inclusão de outra forma.* [Nayara]

> *Eu acho que justamente isso, eu acho que a gente tinha que ter mais formação, mais apoio, até da instituição mesmo, que as vezes a gente quer mas não tem tempo, né? A gente busca, mas não tem dinheiro... E aí, não tem essa ajuda... Que acho que era muito necessária.* [Joana]

Em seus relatos, é possível perceber, especificamente nas falas das professoras Nayara e Joana, a necessidade e importância de formações oferecidas pela instituição que possam auxiliar suas práticas e oferecer suporte ao seu trabalho. Acredito que, com as formações, os saberes das professoras possam se ampliar e impactar diretamente na sua prática. Como diz Tardif (2002, p. 17), "o saber está a serviço do trabalho. Isso significa que as relações dos professores com os saberes nunca são relações estritamente cognitivas: são relações mediadas pelo trabalho que lhes fornece princípios para enfrentar e solucionar situações cotidianas". A construção dos saberes na formação de professores se dá, portanto, não apenas por meio do conteúdo ou dos saberes estritamente acadêmicos, mas a partir das relações estabelecidas no ambiente escolar e fora dele.

Quando questionadas sobre a contribuição da sua prática para interação e inclusão das crianças no grupo, as docentes destacaram que

> *Eu acho que contribui muito. [...] trabalho com o grupo e muitas vezes eu trago a criança pra mim, eu não deixo ela só com a estagiária. Eu acho que, assim, no dia a dia eu vejo que aí ela começa a interagir mais com o grupo e o grupo com ela, eu não deixo essa criança só ali com a estagiária dando esse suporte pra ela... Eu trago, volto, trago, eu venho, às vezes eu digo à estagiária: "Vá dar uma volta...", às vezes eu digo: "Vá ali, vá ali atrás, sair um pouquinho daqui da sala... Vamos ver como é que tá aqui...", pra tirar, né? Desgrudar e deixar essa criança com o grupo. [...] a inclusão eu trabalho no dia a dia mesmo, pra roda de conversa, sempre é a vez da criança falar... Alguma atividade de grupo, sempre trazer as crianças para levarem ela pra essa atividade de grupo, eu fico tentando deixar Davi o mínimo só possível, sempre com o grupo, sempre participando, sempre interagindo com os colegas... Parquinho, "Ah, só quer balanço..." não, balanço não... Desce do balanço! Eu pego, trago pra brincar, "Vamos brincar no castelo, você é o príncipe...", "Quem vai ser o príncipe?". E boto no castelo que é pra exploração dos brinquedos lá fora, e eu tô sempre trazendo, tô sempre trazendo... [Claudia]*

> *Eu tento o máximo fazer com que isso aconteça. Assim, não é fácil a dinâmica em sala, as demandas que nós temos, mas eu tento o máximo. Porque é prioridade, porque eles precisam ser tratados da mesma forma. [Nayara]*

> *Com certeza, porque, assim, principalmente com Daniel, eu vi o resultado muito grande. [...]porque eu acho que o grupo é muito importante pra ele se sentir presente, pra ele se encontrar, então ele precisa que o grupo acolha, e eu consegui isso com a turma... [Joana]*

Na escola inclusiva, as/os estudantes estão para aprender participando. Não é apenas a presença física, é o pertencimento à escola e ao grupo, de tal maneira que o sujeito sente que pertence à escola e a escola sente responsabilidade pelo/pela estudante (RODRIGUES, 2003). Nessa perspectiva, as professoras devem comprometer-se a desenvolver uma pedagogia capaz de educar todas as crianças com sucesso, incluindo aquelas com necessidades específicas, a partir de uma perspectiva de que o ensino e as estratégias para inclusão e interação devem se adaptar às necessidades das/dos alunas/alunos individualmente.

Por fim, ao serem questionadas sobre o que seria a inclusão escolar, as professoras apresentaram suas concepções a respeito da temática. De acordo com elas,

> *A inclusão escolar ainda tá muito longe de ser a inclusão dos sonhos, né?! Eu acho, porque incluir não é botar na sala de aula e ficar ali com a estagiária no cantinho... Incluir envolve, também, o conhecimento do professor... Eu tenho percebido que pra a gente trabalhar com crianças especiais, você tem que ir lá a fundo mesmo, num curso, um curso mais longo, não dá pra ser essa coisa meio que superficial não, porque é um assunto muito delicado, um assunto muito profundo pra a gente trabalhar... E aí, as escolas acham que inclusão é matriculou, bota ali na sala e pronto, aí você faz uma atividade, uma estagiária faz também, e não é assim... É muito mais complexo.* [Claudia]

> *Eu acredito que a inclusão vem justamente pra gente pensar que a escola é para todos, né? Por direito. E que o sujeito tem que estar no grupo, com o grupo, sendo respeitado da sua forma, com as suas limitações. E que a inclusão em si, ela respeita o indivíduo enquanto pessoa.* [Nayara]

> *Não adianta a gente dizer "Ah, a gente vai fazer inclusão" se a gente não tem suporte... Se a gente não tivesse Ana, a professora itinerante, é muito difícil... A gente tá com a turma cheia pra dar um direcionamento, principalmente de conteúdo pra aquela criança que precisa de outras coisas, outro tipo de trabalho, que dependendo da turma, já não faz mais... Porque já vem com a bagagem, entendeu? Então, acho que é importante, mas a gente precisa ter o apoio.* [Joana]

Como se pode perceber na fala das professoras, a inclusão no processo educativo é o resultado do envolvimento de todas as pessoas; é uma prática coletiva, sendo assim, é fundamental sensibilizar, envolver e dar ferramentas por meio de formações para todos e todas profissionais no espaço. A cooperação e a partilha de experiências e de saberes é uma das formas de tornar a prática inclusiva, pois a inclusão não consiste apenas no acesso da criança à escola, envolve outros fatores. Como destaca Mantoan (2006, p. 9) para que ocorra a inclusão da criança na escola "é indispensável o exercício diário da cooperação, da fraternidade, do reconhecimento e do valor das diferenças, o que não exclui a interação com o universo do conhecimento em suas diferentes áreas".

A inclusão escolar não se restringe apenas ao acesso à escola, à garantia da matrícula, à inserção física do/da estudante a todo custo. Envolve um aprofundamento de questões conceituais, envolve garantia à acessibilidade, quebras das barreiras atitudinais e pedagógicas, formações continuadas e mudanças substanciais na forma de ensinar, na capacitação profissional, na comunicação mais estreita entre a saúde e a educação para a construção de novos conhecimentos que ampliem a prática de inserção de crianças com vários tipos de deficiência. Dessa forma, entendo que compreender as práticas formativas de professoras e professores a partir do diálogo com as/os profissionais contribui para uma visão mais ampla dos relatos cotidianos e práticos. Nessa direção, Franco (2008, p. 113) chama atenção para a importância da formação de "um profissional crítico e criativo, pesquisador de sua prática, envolvido com questões político-sociais, numa perspectiva de inclusão de toda diversidade cultural emergente, para concretizar os ideais de uma Educação Inclusiva, democrática, participativa".

4

CONSIDERAÇÕES FINAIS

Com base na perspectiva sócio-histórica, na pesquisa realizada para coletar dados empíricos para este livro o principal objetivo foi investigar se/como a prática docente na educação infantil favorece a interação social e inclusão escolar de crianças com diagnóstico de TEA. De modo geral, percebi que a prática docente na educação infantil favorece a interação social e a inclusão escolar de crianças com TEA, no entanto, ela conta com o suporte de outras práticas profissionais no contexto escolar, mostrando, dessa forma, que no processo de inclusão e interação a prática pedagógica, que envolve os demais agentes da escola atuando em conjunto (professores/professoras, mediadores/mediadoras, gestão etc.), mostra-se mais eficaz do que a atuação desses profissionais individualmente. Mesmo que inicialmente não fizesse parte dos objetivos, foi inevitável incluir na análise a atuação de outros atores além das professoras. A atuação da mediadora na relação com a criança com TEA foi de grande importância no processo de promoção da interação social e inclusão escolar da criança. Em função disso, considerei importante ampliar o olhar para a prática pedagógica (e não apenas focalizar na prática docente como inicialmente proposto), incluindo a mediadora na análise dos dados, por perceber que a prática docente não contempla, sozinha, o processo de interação e inclusão da criança com TEA no contexto da educação infantil.

Diante disso, considero que, por meio da mediação da professora e mediadora, a criança pode ser levada a vivenciar e permanecer por mais tempo em brincadeiras e atividades que para ela podem ser desafiadoras. Para isso, pessoas mais experientes devem auxiliar a criança nas vivências que solicitem várias etapas de resolução de problemas; possibilitar à criança que solucione problemas de maneira independente; ter tempo de espera para que ela possa compreender as informações do ambiente e responder; buscar estratégias diversas de comunicação explorando gestos, expressões e sons variados; e oferecer recursos para que os problemas com os quais estudantes se deparam sejam resolvidos. Nesse aspecto, a presença do mediador e da mediadora é fundamental, como destaca Mousinho *et al.*, (2010), no âmbito escolar a parceria entre mediador/mediadora e escola favorece o estabelecimento de metas possíveis no que se refere ao desenvolvimento e aprendizagem, como também possibilita acompanhar a/o estudante em suas próprias conquistas. A mediação pode assumir o papel de ser um apoio para que a/o estudante possa efetivamente estar incluído. Sendo assim, é o papel de uma/um profissional que contribui para a inclusão do aluno ou da aluna com necessidade educacional específica, devendo ser visto/vista como mais um/uma agente de inclusão.

Nos objetivos específicos, busquei caracterizar as interações sociais estabelecidas pelas crianças com TEA com seus pares, professora e mediadora no contexto da educação infantil; caracterizar os episódios de inclusão escolar favorecidos pela professora e mediadora; e analisar as concepções das professoras sobre suas práticas na educação infantil e com crianças com TEA na perspectiva de serem inclusivas.

A partir da caracterização das interações sociais estabelecidas pelas crianças com TEA com suas professoras e mediadoras, foram encontrados 45 episódios divididos em seis categorias, foram elas: *atividade lúdica, brincadeira com movimento, direcionamentos, questionamentos, suporte na atividade* e *suporte na brincadeira*. Nos episódios dessa sessão, percebi que as professoras e mediadoras favoreceram a interação das crianças com TEA, mostrando que nas categorias *direcionamentos* e *suporte na atividade*, esses episódios aconteceram em maior quantidade, porém na categoria *brincadeira com movimento* a interação se mostrou com maior qualidade envolvendo mais trocas de sorrisos, olhares e mais engajamento por parte das crianças. Na interação da criança com TEA e seus pares, foram encontrados 37 episódios divididos em cinco categorias que são: *brincadeira com movimento, imitação, iniciação, iniciação do/da colega* e *interesse por objetos*, sendo as três últimas categorias que apresentaram o maior número de episódios.

Embora os momentos de interação das crianças com TEA sejam restritos também por conta de seus desafios na área de linguagem, próprios do diagnóstico e que se refletem no ato comunicativo, demonstrando dificuldades de estabelecer e manter trocas com os outros, ao analisar as interações das crianças com TEA, ficou claro que um dos fatores que distingue crianças com autismo de crianças sem autismo não é o fato de não interagirem com os outros ou formarem relacionamentos, mais sim o modo peculiar como as interações acontecem. Como algumas características das interações observadas, percebi que embora com dificuldades de iniciar e manter a troca interacional da mesma forma que as crianças sem autismo, é possível dizer que: 1) os olhares existem na observação das interações entre outros sujeitos, especificamente nos momentos em que a criança demonstra interesse; 2) há busca pelo suporte da pessoa mais experiente quando as crianças precisam de ajuda; 3) há iniciação por parte das crianças com TEA quando algo no ambiente desperta sua atenção, especificamente objetos; 4) no caso das crianças que utilizam a fala, as trocas com palavras acontecem com mais frequência nos momentos em que a criança mostra-se motivada e interessada na brincadeira proposta. Desse modo, é possível perceber que há intencionalidade e que os interesses da criança são a chave para prolongar as interações e sua comunicação. Seguir seus interesses para ampliar a partir deles as áreas em que as crianças apresentam dificuldades em contexto lúdico e dinâmico parece-me o caminho mais apropriado para contribuir para o desenvolvimento sociocomunicacional da criança com TEA tanto no contexto escolar quanto nos demais contextos.

Na análise do material com o olhar voltado para inclusão escolar, encontrei, também, 12 episódios divididos em quatro categorias. Percebo que as categorias *direcionamento para interação com o grupo* e *suporte na atividade* apresentaram mais episódios. Sendo a escola o cenário da educação inclusiva, deve ter salas heterogêneas, contemplar uma estrutura adequada e possibilitar trocas enriquecedoras com os grupos de diferentes níveis de desenvolvimento trabalhando juntos, apropriando-se dos conhecimentos construídos. Acredito que as contribuições de Vigotski (1997; 2007) são altamente relevantes para a atuação da equipe pedagógica nos processos de inclusão e de interação social. Ao embasar-se nesse autor, o/a professor/professora será impelido a ter um olhar diferenciado para o grupo de alunos e alunas, considerando a subjetividade de cada um, seu potencial, o nível de desenvolvimento em que se encontra e sobre a Zona de Desenvolvimento Proximal, que oferecerá suporte ao seu trabalho.

As categorias *brincadeira com movimento, direcionamentos, iniciação* e *iniciação do/da colega,* que foram encontradas na análise também puderam ser vistas nos relatos das professoras. A partir das videogravações e das entrevistas, é possível dizer também que, de um modo geral, existe uma coerência entre a prática observada e o relato das professoras, transparecendo aí a compreensão das peculiaridades da criança e de sua prática. Percebo essas categorias nos momentos em que é citado o interesse de Davi (criança 1) por brincadeiras com movimento, os direcionamentos que eram dados pela professora para que a criança pudesse seguir, a dificuldade de iniciação nas interações e o suporte oferecido pelas docentes que estimulavam as outras crianças a iniciarem as interações buscando a criança para brincar.

A partir da concepção das professoras sobre suas práticas, foi possível perceber que elas buscam se informar sobre dúvidas para auxiliar suas ações no cotidiano escolar, no entanto, o saber experiencial trocado cotidianamente entre elas é de grande contribuição em seu trabalho. Além disso, as docentes destacam o suporte recebido pela professora itinerante da escola, a quem as professoras pedem auxílio nos momentos em que se deparam com dificuldades. Sobre isso, Glat (2007) destaca que a experiência está apontando que sem o suporte da educação especial, os pressupostos da educação inclusiva dificilmente serão implementados com sucesso. Nesse contexto, a prática docente, por mais inclusiva que seja, sozinha não consegue incluir o/a estudante, a participação de todos e todas é fundamental para um melhor desenvolvimento dentro da comunidade escolar. Portanto é necessário que as escolas possam mudar pensando *no que fazer, para quem fazer* e *como oferecer* mais e mais contribuições para uma sociedade inclusiva, pois criar escolas inclusivas requer muito mais que boas intenções, declarações e documentos oficiais, requer que a sociedade, escolas e docentes tomem consciência das tensões e organizem condições para a criação de espaços de qualidade para todos e todas.

No contexto de inclusão escolar, não basta apenas orientar educadoras e educadores, é necessário um trabalho com todos e todas profissionais da escola e, também, com estudantes, a fim de construir uma comunidade inclusiva. Considerando a importância dos pares, orientá-los por meio de reflexões sobre as diferenças, respeito, acolhimento, empatia e as especificidades de cada um; sensibilizar a comunidade escolar; e esclarecer questionamentos existentes entre eles é consideravelmente importante para contribuir com a forma como lidam com as diferenças no cotidiano, com uma compreensão mais ampla dos pares a interação e comunicação com a criança com deficiência tem possibilidade de se expandir. A desconstrução de barreiras atitudinais presentes no espaço escolar se constitui como fundamental para que o ambiente seja de fato inclusivo, pois muitas vezes as crianças agem de determinada forma por não saber como agir diferente, por não conhecer, por falta de vivência e/ou orientação.

A inclusão escolar acrescenta ao desenvolvimento e aprendizagem de *todos e todas* estudantes, com ou sem deficiência. Especificamente no caso de estudantes sem deficiência a interação com pares diversos e diferentes em suas especificidades, proporcionará: 1) aprimoramento da autoestima e autoconfiança, quando crianças passam a se sentir capazes de ajudar os outros; 2) Capacidade de relacionar-se empaticamente com crianças que apresentam diferentes percepções, pensamentos, necessidades, formas de aprender e agir; 3) Redução do medo de seres humanos diferentes; 4) Compreensão e paciência com crianças que apresentam diferentes formas de aprendizado; 5) Mais respeito pelas pessoas, compreensão, aceitação e apreciação das diferenças individuais; 6) Preparação para a vida em uma sociedade inclusiva.

A inclusão tem provocado mudanças significativas na estrutura escolar e educadores/educadoras são fundamentais nesse processo. No entanto, é necessário o suporte dos demais agentes que constituem a prática pedagógica, como apontado anteriormente. É importante que as instituições possam oferecer suporte para a prática docente em sala de aula por meio de formação continuada e discussões a respeito das diversas deficiências e da educação inclusiva, contribuindo para que os/as profissionais possam ampliar sua compreensão a respeito da complexidade da relação dialética do sujeito nas interações dele com o meio social no qual está inserido.

Em relação à interação social e inclusão escolar da criança com diagnóstico de TEA, acredito que o presente livro pode oferecer subsídios para que novas discussões possam ampliar o olhar a respeito da temática. Por acreditar que o conhecimento científico é produto de um processo construído coletivamente, novos olhares e novas discussões podem ampliar a temática e contribuir de maneira significativa para uma maior compreensão a respeito do autismo e para atuação docente com as crianças com TEA. Uma investigação sobre a interação social e a inclusão das crianças com TEA e a prática pedagógica envolvendo professores e professoras itinerantes; equipe de coordenação; professores e professoras; mediadores e mediadoras; e demais agentes do contexto escolar poderá ampliar o olhar para essa temática. Uma outra possibilidade seria investigar como os pares incluem as crianças com TEA nas brincadeiras do cotidiano escolar da educação infantil. Acredito também que o diálogo, a construção de sentido e significado acontece nessas trocas e, a partir delas, novos sentidos e significados são construídos, contribuindo para a criação de novos caminhos e alternativas de trabalho e nos levando à transformações enquanto sociedade inclusiva, tanto na vida das crianças com TEA e suas famílias, como na de profissionais que com elas atuam e em nossas próprias vidas.

Neste livro, acredito que é de extrema importância a sensibilidade de educadores e educadoras, que devem buscar olhar para a criança de modo global buscando compreender como se sente, quais situações emocionais que impactam seu comportamento e participação, quais suas competências e dificuldades, o que facilita a interação/participação/comunicação/relação com essa criança, entre outros, pois, a não percepção e compreensão da pessoa com TEA implica a diminuição de possibilidades de vínculo, trocas interacionais e comunicativas.

A inclusão escolar é um direito de todos e todas, a educação de qualidade, igualitária e equitativa também. Nesse contexto, considero que para que as crianças com TEA desenvolvam suas habilidades sociais e possam estar inclusas com qualidade no contexto da educação infantil, é necessário que a escola contemple a maneira individual de ser e estar de cada uma das crianças no espectro. Faz-se importante também considerar e respeitar suas peculiaridades e pensar em estratégias individuais que possam favorecer o desenvolvimento e a aprendizagem de cada uma. Na medida que vamos nos transformando no decorrer de cada processo, juntamente com as crianças, e percebemos as dificuldades que vão sendo superadas por elas e por nós mesmos quando trocamos, construímos e aprendemos juntos, expandimos para construção de uma sociedade mais humana e, de fato, para todos e todas.

REFERÊNCIAS

ALMEIDA FILHO, N. Transdisciplinaridade e Saúde Coletiva. *Ciência & Saúde Coletiva*, Rio de Janeiro, v. 2, n. 1-2, 1997.

ARANHA, M. S. F. A interação social e o desenvolvimento humano. *Temas psicol.*, v. 1, n. 3, Ribeirão Preto, dez. 1993.

AYRES, A. J. *Sensory Integration and The Child.* Los Angeles: Western Psychological Services, 2005.

BARBOSA, M. C. S. *Por amor e por força:* rotinas na educação infantil. Porto Alegre: Artmed, 2006.

BOGDAN, R.; BIKLEN, S. *Investigação qualitativa em educação*: uma introdução à teoria e aos métodos. Lisboa: Porto Editora, 1994.

BOSA, C. Autismo: atuais interpretações para antigas observações. *In:* BAPTISTA, C. R.; BOSA, C (org.). *Autismo e Educação:* reflexões e propostas de intervenção. Porto Alegre: Artmed, 2002.

BOSA, C; CALLIAS, M. Competência Social, Inclusão Escolar e Autismo: Um Estudo de Caso Comparativo. *Psicologia: Teoria e Pesquis,* Porto Alegre, jul./set. 2012, v. 28, n. 3, p. 315-324.

BOSA, C; CAMARGO, S. P. H. Competência Social, Inclusão Escolar e Autismo: Revisão Crítica da Literatura. *Psicologia e Sociedade*, Porto Alegre, v. 21, n. 1, p. 65-74. 2009.

BRAS, G. P. *Estudo do Perfil Motor de Crianças com perturbações do Espectro do Autismo.* 2009. Dissertação (Mestrado em Ciência do Desporto) Área de especialização em Actividade Física Adaptada, Faculdade de desporto, Universidade do Porto, Porto.

BRASIL. *Lei de Diretrizes e bases da educação nacional.* Lei 9.394/96. 10. ed. Carlos Roberto Jamil Cury. Rio de Janeiro: DP&A, 2006, p. 214.

BRASIL. Ministério da Educação e do Desporto. Referencial Curricular Nacional para a Educação Infantil. Secretaria de Educação Fundamental. Vol. 1. Brasília: MEC/SEF, 1998.

CAMINHA, R. C. *Autismo:* um transtorno da natureza sensorial? 2008. Dissertação (Mestrado em Psicologia). Departamento de Psicologia, Pontifícia Universidade Católica do Rio de Janeiro, Rio de Janeiro.

CAMINHA, R. C. *Investigação de Problemas Sensoriais em Crianças Autistas:* Relações com o Grau de Severidade do Transtorno. 2013. Tese (Doutorado em Psicologia Clínica). Departamento de Psicologia, Pontifícia Universidade Católica do Rio de Janeiro, Rio de Janeiro.

CANDAU, V. M. Sociedade multicultural e educação: tensões e desafios. *In:* CANDAU, V. M. (org.). *Cultura(s) e educação:* entre o crítico e o pós-crítico. Rio de Janeiro: DP&A, 2005.

CORREIA, N. C. C. C. *A importância da intervenção precoce para crianças com autismo na perspectiva dos educadores e professores de educação especial.* 2011. Dissertação (Mestrado em Ciências da Educação – Educação Especial). Escola Superior de Educação Almeida Garrett, Lisboa.

CORSARO, W. *The sociology of childhood.* Thousand Oaks, CA: Pine Forge Press, 1997.

DALLABONA, S. R.; MENDES, S. M. S. O lúdico na Educação Infantil: jogar, brincar, uma forma de educar. *Revista de divulgação técnico-científica do ICPG,* v.1, n. 4 – jan/marc. 2004. Disponível em: https://conteudopedagogico.files.wordpress.com/2011/02/o-ldico-na-educao-infantil.pdf. Acesso em: 2 ago. 2020.

DAMASCENO, L. L.; GALVÃO FILHO, T. A. As novas tecnologias como tecnologia assistiva: utilizando os recursos de acessibilidade na educação especial. *In:* CONGRESSO IBERO-AMERICANO DE INFORMÁTICA NA EDUCAÇÃO ESPECIAL, 3. 2002. Disponível em: http://atividadeparaeducacaoespecial.com/wp-content/uploads/2014/07/TECNOLOGIA-ASSISTIVA-E-EDUCA%C3%87%-C3%83O-ESPECIAL.pdf. Acesso em: 13 jul. 2020.

DUBAR, C. *A socialização:* Construção das identidades sociais e profissionais. São Paulo: Editora Martins Fontes, 2005.

DURAN, Á. P. Interação social: o social, o cultural e o psicológico. *Temas psicol.,* 1993, v.1, n. 3, p. 1-8. ISSN 1413-389X.

FILHO, J. B.; LOWENTHAL, R. A inclusão escolar e os transtornos do espectro do autismo. *In:* SCHMIDT, C. (org.). *Autismo, Educação e Transdisciplinaridade.* Campinas: Papirus, 2013.

FIORE-CORREIA, O.; LAMPREIA, C. A Conexão Afetiva nas Intervenções Desenvolvimentistas para Crianças Autistas. *Psicologia:* Ciência e Profissão, 2012, v. 32, n. 4, p. 926-941.

FONSECA, V. *Desenvolvimento Psicomotor e aprendizagem.* Porto Alegre: Artmed, 2008.

FRANCO, M. A. S. Entre a lógica da formação e a lógica das práticas: a mediação dos saberes pedagógicos. *Educação e Pesquisa,* São Paulo, v. 34, n. 1, p. 109-126, jan./abr. 2008.

FREIRE, P. *Pedagogia da Autonomia:* saberes necessários à prática educativa. 6. ed. São Paulo: Paz e Terra, 1997.

FRIGOTTO, G. A Interdisciplinaridade como necessidade e como problema nas ciências sociais. *In:* BIANCHETTI. L., JANTSCH. A. *Interdisciplinaridade:* para além da filosofia do sujeito. Petrópolis: Vozes, 1995. p. 20-62.

GALVÃO, I. *Henri Wallon:* uma concepção dialética do desenvolvimento infantil. 21. ed. Petrópolis: Vozes, 2012.

GATTI, B. A. Os professores e suas identidades: o desvelamento da heterogeneidade. *Cadernos de Pesquisa,* São Paulo, n. 98, p. 85-90, ago. 1996.

GLAT, R.; BLANCO, L. de M. V. Educação especial no contexto de uma educação inclusiva. *In:* GLAT, R. (org.). *Educação inclusiva:* cultura e cotidiano escolar. Rio de Janeiro: Ed. Sette Letras, 2007.

GOERGEN, M. S. Sobre o diagnóstico em Transtorno do Espectro do Autismo (TEA): considerações introdutórias à temática. *In:* SCHMIDT, Carlo (org.). *Autismo, Educação e Transdisciplinaridade.* Campinas: Papirus, 2013. (Educação Especial).

GONÇALVES, A. D'A. *Os modelos de intervenção são eficazes para melhorar a inclusão de crianças com autismo.* 2011. Dissertação (Mestrado em Necessidades Educativas Especiais). Escola Superior de Educação Almeida Garrett, Lisboa.

GRANDIN, T. *O Cérebro Autista.* 1. ed. Rio de Janeiro: Record, 2015.

GREENSPAN, S. *Filhos emocionalmente saudáveis, íntegros, felizes, inteligentes.* Rio de Janeiro: Campus, 2000.

GREENSPAN, S.; WIEDER, S. *Engaging autism* – using the floortime approach to help children relate, communicate and think. Cambridge: Da Capo Lifelong Books, 2006.

GUEBERT, M. C. C. *Inclusão:* uma realidade em discussão. 2. ed. Curitiba: Ibpex, 2007.

HARTUP, W. W. Social relationships and their developmental significance. *American Psycologist,* v.44, n.2, p. 120-126. 1989.

IMBERNON, F. *Formação docente e profissional:* formar-se para a mudança e a incerteza. 6. ed. São Paulo: Cortez, 2006.

JORDAN, B.; SOURCE, A. H. Interaction Analysis: Foundations and Practice. *The Journal of the Learning Sciences*. v. 4, n. 1, p. 39-103, 1995.

KANNER, L. Autistic disturbances of affective contact. *NervousChild*: Journal of Psychopathology, Psychoterapy, Mental Hygiene e Guidance of the Child 2, p.217-250, 1943.

KATZ, L. Perspectivas actuais sobre aprendizagem na infância. *Saber (e) Educar*. Porto, ESSE de Paula Frassinetti, n. 11, p. 7-21, 2006.

KISHIMONO, T. M. Brinquedos e brincadeiras na educação infantil. *In:* SEMINÁRIO NACIONAL: CURRÍCULO EM MOVIMENTO – PERSPECTIVAS ATUAIS, 1. *Anais* [...]. Belo Horizonte, novembro de 2010.

KNOBLAUCH, H. Introduction to the special issue of Qualitative Research: video--analysis and videography. *Qualitative Research,* jun. 2012, v. 12, issue 3, p. 250-254.

KRAMER, S. As crianças de 0 a 6 anos nas políticas educacionais no Brasil: Educação Infantil e/é fundamental. *Educ. Soc.,* Campinas, v. 27, n. 96 – Especial, p. 797-818, out. 2006.

KRAMER, S. Direitos da criança e projeto político pedagógico de educação infantil. *In:* BAZILIO L. C; KRAMER, S. *Infância, educação e direitos humanos.* São Paulo: Cortez, 2003.

LADD, G.; COLEMAN, C. As relações entre pares na infância: formas, características e funções. *In:* SPODEK, B. (org.). *Manual de investigação em educação de infância.* 2. ed. Lisboa: Fundação Calouste Gulbenkian, 2010. p. 119-157.

LAKATOS, E. M.; MARCONI, M. de A. *Fundamentos de metodologia científica.* 6. ed. São Paulo: Atlas, 2009.

LAMPREIA, C. A perspectiva desenvolvimentista para intervenção precoce no autismo. *Estudos de Psicologia,* Campinas, jan./mar. 2007, v. 24, n. 1, p. 105-114.

LOIZOS, P. Vídeo, filme e fotografias como documentos de pesquisa. *In:* BAUER, M. W.; GASKELL, G. (org.). *Pesquisa qualitativa com texto, imagem e som.* 2. ed. Petrópolis: Vozes, 2008. p. 137-155.

LOURO, V. (org.). *Arte e Responsabilidade Social:* Inclusão pelo teatro e pela música. Santo André: TDT Artes, 2009.

LOURO, V. *Fundamentos da aprendizagem musical da pessoa com deficiência.* São Paulo: Editora Som, 2012.

LOURO, V.; ALONSO, L. G.; ANDRADE, A. F. *Educação Musical e deficiência*: propostas pedagógicas. São José dos Campos: Ed. do Autor, 2006.

MANTOAN, M. T. E. *Ser ou estar*: eis a questão. Rio de Janeiro: WVA, 1997.

MANTOAN, M. T. E.; PRIETO, R. G.; ARANTES V. A. (org.). *Inclusão escolar*: pontos e contrapontos. 1. ed. São Paulo: Summus, 2006.

MANTOAN, T. E. M. *Inclusão escolar*: o que é? Por quê? Como fazer? 2. ed. São Paulo: Moderna, 2006.

MARC, E.; PICARD, D. *A Interação Social*. Porto, Portugal: RÉS-Editora, 2000, p. 237.

MARTINS, J. C. *Vygotsky e o papel das Interações Sociais na Sala de Aula*: Reconhecer e desvendar o mundo. Série Idéias, n. 28. São Paulo: FDE, 1997.

MARTINS, L. A. R. Algumas reflexões a respeito da formação docente para atuação com a diversidade. *Anais da Anped*, GT 02, 2007. Disponível em: https://docplayer.com.br/7582529-Algumas-reflexoes-a-respeito-da-formacao-docente-para-atuacao-com-a-diversidade.html. Acesso em: 16 ago. 2020.

MENEZES, A. R. S. de. *Inclusão escolar de alunos com autismo*: quem ensina e quem aprende? 160f. 2012. Dissertação (Mestrado em Educação). Universidade do Estado do Rio de Janeiro, Rio de Janeiro, 2012.

MINISTÉRIO DA EDUCAÇÃO. *Diretrizes Curriculares Nacionais Para Educação Infantil*. Brasília: Ministério da Educação/Secretaria de Educação Básica, 2010.

MINISTÉRIO DA EDUCAÇÃO. *Estratégias e orientações sobre artes*: Respondendo com arte às necessidades especiais. Brasília: Ministério da Educação/Secretaria de educação especial, 2002.

MOLL, L. C. *Vygotsky e a educação*: implicações pedagógicas da psicologia sócio-histórica. Tradução de Fani A. Tesseler. Porto Alegre: Artes Médicas, 1996.

MORIN, E. *Introdução ao pensamento complexo*. 3. ed. Porto Alegre: Sulina, 2007.

MOUSINHO, R.; SCHMID, E.; MESQUITA, F.; PEREIRA, J.; MENDES, L.; SHOLL, R.; NÓBREGA, V. Mediação escolar e inclusão: revisão, dicas e reflexões. *Rev. Psicopedagogia*, v. 27, n. 82, p. 92-108. 2010.

MUSZKAT, M. *Inclusão e singularidade*: desafios da Neurociencia Educacional. São Paulo: All Print Editora, 2012.

NICOLESCU, B.; PINEAU, G.; MATURANA, H.; RANDOM, M.; TAYLOR, P. *Educação e Transdisciplinaridade*. [S. l.]: UNESCO, 2000. Disponível em: https://unesdoc.unesco.org/ark:/48223/pf0000127511. Acesso em: 13 jul. 2020.

NOGUEIRA, N. R. *Pedagogia dos projetos:* uma jornada Interdisciplinar rumo ao desenvolvimento das múltiplas inteligências. São Paulo: Érica, 2001. p.189

NÓVOA, A. Os professores na virada do milênio: do excesso dos discursos à pobreza das práticas. *Cuadernos de Pedagogía,* n. 286, dez. 1999.

NUNES, D. R. P. Comunicação alternativa e ampliada para pessoas com autismo. *In:* SCHMIDT, C. (org.). *Autismo, Educação e Transdisciplinaridade.* Campinas: Papirus, 2013.

OLIVEIRA, Z. M. R; ROSSETTI-FERREIRA, M. C. T. *Jogo de Papéis:* uma perspectiva para análise do desenvolvimento humano. São Paulo: Universidade de São Paulo, 1988.

OLIVEIRA, Z. M. R. O currículo na Educação Infantil: O que propõem as novas diretrizes nacionais. *In:* SEMINÁRIO NACIONAL: CURRÍCULO EM MOVIMENTO – PERSPECTIVAS ATUAIS, 1. *Anais [...].* Belo Horizonte, novembro de 2010.

PAN, M. A. G. S. *O direito à diferença:* uma reflexão sobre deficiência intelectual e educação inclusiva. Curitiba: Ibpex, 2008.

PAPALIA, D.; OLDS, S.W.; FELDMAN, R. D. *Desenvolvimento Humano.* 8. ed. Porto Alegre: Artmed, 2006.

PASSERINO, L. M. *Pessoas com Autismo em Ambientes Digitais de Aprendizagem*: estudos dos processos de Interação Social e Mediação. 2005. 317 f. Tese (Doutorado em Informática na Educação). Universidade Federal do Rio Grande do Sul, Porto Alegre, 2005.

PEDROSA, M.; CARVALHO, A. M. A. Análise qualitativa de episódios de interação: uma reflexão sobre procedimentos e formas de uso. *Psicologia, Reflexão e Crítica,* v. 18, n.3, p. 431-442, 2005.

RAMPAZZO, S. E. *Desmitificando a metodologia científica:* guia prático para produção de trabalhos acadêmicos. Erechim: Habilis, 2008.

REGO, T. C. *Vygotsky:* uma perspectiva histórico-cultural da educação. Petrópolis: Vozes, 1995.

RODRIGUES, D. Educação inclusiva. As boas e as más notícias. *In:* RODRIGUES, D. (org.). *Perspectivas sobre a inclusão.* Da educação à sociedade. Porto: Porto Editora, 2003.

SADALLA, A. M.; LAROCCA, P. Autoscopia: um procedimento de pesquisa e de formação. *Educação e Pesquisa,* São Paulo, v. 30, n. 3, p. 419-433, set-dez. 2004.

SANTOS, B. S. Entrevista com professor Boaventura de Souza Santos. Disponível em: http://dhi.uem.br/jurandir/jurandir-boaven1.htm. Acesso em: 1995.

SASSAKI, R. K. Terminologia sobre Deficiência na era da inclusão. *Revista Nacional de reabilitação.* a. 5, n. 24, p. 6-9, jan./fev. 2002. Disponível em: http://petpedagogia.ufba.br/terminologia-sobre-deficiencia-na-era-da-inclusao. Acesso em: 13 jul. 2020.

SASSAKI, R. K. *Inclusão*: Construindo uma sociedade para todos. 5. ed. Rio de Janeiro: Wva, 2003.

SCHEUER, C. Distúrbios da linguagem nos transtornos invasivos do desenvolvimento. *In:* BAPTISTA, C. R.; BOSA, C. (org.). *Autismo e Educação:* reflexões e propostas de intervenção. Porto Alegre: Artmed, 2002.

SCHMIDT, C. Autismo, Educação e Transdisciplinaridade. *In:* SCHMIDT, Carlo (org.). *Autismo, Educação e Transdisciplinaridade.* Campinas: Papirus, 2013. (Educação Especial).

SCHWARTZMAN, J. S. *Autismo Infantil.* São Paulo: Memnon, 2003.

SCHWARTZMAN, J. S.; ARAÚJO, C.A. *Transtorno do espectro do autismo.* São Paulo: Memnon, 2011.

SKLIAR, C. A inclusão que é "nossa" e a diferença que é do "outro". *In:* RODRIGUES, D. (org). *Inclusão e Educação:* Doze olhares sobre a educação inclusiva. São Paulo: Summus, 2006.

SMITH, P. O brincar e o uso do brincar. *In:* MOYLES, J. R. *A excelência do brincar.* Tradução de Adriana V. Veronese. Porto Alegre: Artmed, 2006.

SMOLKA, A. L. B. O (im)próprio e o (im)pertinente na apropriação das práticas sociais. *Cadernos CEDES,* a. 20, n. 50, abr. 2000.

SOARES, M. V. Aquisição da Linguagem segundo a Psicologia interacionista: três abordagens. *Revista Gatilho,* v. 4, 2006. Disponível em: https://periodicos.ufjf.br/index.php/gatilho/article/view/26877. Acesso em: 13 jul. 2020.

SOLOMON, R. O Projeto Play: um modelo de treinamento de formadores de intervenção precoce para crianças com transtornos do espectro do autismo. *In:* SCHMIDT, C. (org.). *Autismo, Educação e Transdisciplinaridade.* Campinas: Papirus, 2013.

SOUZA, J. F. de. (org.). *Formação de Professores e Prática Pedagógica.* 2. ed. Recife: Editora Universitária da Ufpe, 2012.

SOUZA, L. C. *Os saberes dos professores de educação infantil*: características, conhecimentos e critérios. 2005. Dissertação (Mestrado em Educação). Universidade do Vale do Itajaí, Itajaí.

TARDIF, M. *O trabalho docente*: elementos para uma teoria da docência como profissão de interações humanas. Petrópolis: Vozes, 2011.

TARDIF, M. *Saberes docentes e Formação profissional*. 4. ed. Petrópolis: Vozes, 2002.

TARDIF, M.; LESSARD, C.; LAHAYE, L. 1991. Os professores face ao saber: esboço de uma problemática do saber docente. *Teoria & Educação*, Porto Alegre, n. 4, p. 215-233.

VIEIRA, S.; HOSSNE, William Saad. *A ética e a metodologia*. São Paulo: Pioneira, 1998.

VIGOTSKI, L. *A construção do pensamento e da linguagem*. São Paulo: Martins Fontes, 2010.

VIGOTSKI, L. *A formação social da mente*: O desenvolvimento dos processos psicológicos superiores. 7. ed. São Paulo: Martins Fontes, 2007.

VIGOTSKI, L. S.; LURIA, A. R.; LEONTIEV, A. N. *Linguagem, desenvolvimento e aprendizagem*. Tradução de Maria da Pena Villalobos. 14. ed. São Paulo: Ícone, 2016.

VYGOTSKI, L. *Fundamentos da Defctologia:* Obras Escogidas V. Madri: Visor, 1997.

VYGOTSKY, L. *Pensamento e linguagem*. São Paulo: Martins Fontes, 1994.

WHITMAN, T. L. *O desenvolvimento do autismo*. São Paulo: M.Books do Brasil Editora Ltda, 2015.

ZABALA, A. *A prática educativa:* como ensinar. Porto Alegre: Artmed, 1998.

LEITURA EXTRA

Diferenças individuais no desenvolvimento infantil

Carol Mota

As crianças diferem na forma como compreendem e percebem o mundo a sua volta. Uma pode ter sensibilidade ao som, mas ser muito boa na percepção visuoespacial. Outra pode ser sensível ao toque ou a luz. Algumas podem ter baixo tônus muscular, de modo que para realizar ações simples precisam de muita energia e esforço.

O modo próprio como cada pessoa responde aos estímulos sensoriais, como se movimenta e como usa a linguagem, é o que chamamos de diferenças individuais. Ou seja, pode ser sensibilidade ao som, toque, luz; capacidade de planejar ou sequenciar movimentos; de compreender sons e palavras; e perceber padrões no espaço físico. As diferenças individuais são fundamentais para compreensão das questões emocionais, sociais e de aprendizagem.

Conhecer esses aspectos de diferenças físicas – a forma como sua criança responde aos estímulos; a forma como organiza seus movimentos etc. – contribuirá com a interação entre vocês. Se conhecemos o perfil do outro, podemos organizar nosso comportamento e o ambiente para proporcionar experiências positivas evocando respostas mais apropriadas.

O grau com que podemos adequar as experiências às diferenças individuais de cada um amplia a probabilidade de avanços no desenvolvimento. Além disso, as experiências certas podem ajudar as crianças a perceber seus potenciais e expandir suas aprendizagens. "Mas como vou aprender sobre isso com minha criança?". A resposta é: "Siga o comportamento dela, ele vai mostrar suas diferenças individuais!". Um familiar ou profissional que compreende, adapta o seu comportamento, atividades e o ambiente para criança respeitando seu perfil individual, está fortalecendo um bom relacionamento, que é a base de todo aprendizado!

A base do aprendizado

Carol Mota

Para uma criança aprender com o mundo e as interações existentes nele, ela precisa ter atenção. O primeiro passo para ela é olhar, ouvir, cheirar, tocar e estar bem diante das sensações experienciadas. Se a criança estiver irritada, chorando ou autoabsorvida (apenas focando em suas próprias sensações ou em seus próprios pensamentos) ela não fará isso. Então, primeiramente é preciso pensar em uma criança: calma, regulada, atenta e/ou interessada no mundo para começar esse processo. Compreenda seu estilo único de ouvir, ver, tocar, cheirar e se movimentar. Então, aproveite todas as informações dos seus sentidos, do seu sistema motor e capacidades de atenção compartilhada.

O segundo passo importante é ter uma criança emocionalmente envolvida, pois é a interação humana que dá a ela suas primeiras lições afetivo-cognitivas. Nas interações, são os relacionamentos que ajudam a criança a se sentir confiante e esse é o primeiro passo no seu desenvolvimento sócio-emocional. Então, tanto em relação às questões afetivo--cognitivas quanto sócio-emocionais, o envolvimento e a motivação da criança são fundamentais. Ensinar crianças a sentar e seguir regras não é o mesmo que ensiná-las a querer fazer parte de um relacionamento e interagir com os outros (envolvidas afetivamente, motivadas e interessadas). A disciplina tem sua importância, mas uma criança ativa em seu desenvolvimento, participativa e questionadora, terá uma aprendizagem muito mais fluida e dinâmica que uma criança que apenas segue instruções ou aprende a partir de estratégias tecnicistas, de modo mecânico e pouco dinâmico. Envolva a criança, valide seus interesses e a aprendizagem fluirá de modo prazeroso.

O terceiro passo é a comunicação bidirecional – que significa a troca de mão dupla entre os parceiros comunicacionais. A comunicação começa sempre de modo simples, com troca de sons, movimentos ou gestos. Um bom relacionamento oferecerá a base para uma comunicação bidirecional que irá se expandir, posteriormente, para o uso de palavras. Nesse aspecto, é fundamental que a intencionalidade da criança seja validada e que tudo faça sentido para ela.

Esses três aspectos precisam ser compreendidos como fundamentais e como base para o aprendizado. É preciso compreender a regulação, o engajamento e a comunicação bidirecional como os três primeiros passos no trabalho com crianças com necessidades específicas e desafios de aprendizado; e no trabalho com todas as crianças – mesmo crianças que não apresentam desafios – porque esses aspectos definem o cenário do desenvolvimento sócio-emocional e afetivo-cognitivo.

Autismo: Estratégias para conhecer sua criança

Carol Mota e Patrícia Piacentini

Ao receber um diagnóstico, as famílias iniciam um processo de bastante ansiedade em busca de soluções. Que intervenção escolher? Quando? Quantas vezes? Quanto tempo? Com quem? Diversas perguntas surgem e, muitas vezes, são realizadas escolhas limitadas e/ou confusas, que causam insegurança.

Com frequência, pais e mães refletem sobre colocar suas crianças em um ou outro programa de intervenção, mas o primeiro passo deve ser conhecer suas diferenças individuais para buscar programas que se ajustem às suas necessidades únicas.

Considerando a importância para o reconhecimento das características próprias de cada um e visando nortear o olhar para compreensão das individualidades, construímos algumas perguntas envolvendo questões sensoriais, motoras, emocionais, relacionais, interacionais e de linguagem. Tentem criar um mapa no qual vocês podem responder essas questões a seguir sobre sua criança:

- Seu sistema sensorial impacta seu desenvolvimento? Como?

- Como a criança aprende sobre o mundo? Ela confia mais em seu sistema visual, auditivo ou em ambos?

- Em relação a percepção do ambiente, a informação está chegando ao cérebro de maneira apropriada? A criança consegue filtrar os estímulos do ambiente e focar no objeto desejado?

- Como ela usa o seu sistema motor para coordenar o seu corpo e para satisfazer suas necessidades e desejos? Ela apresenta alguma dificuldade motora que seja impactante? Qual?

- Você consegue perceber qual a intencionalidade da sua criança? Se sim, você utiliza isso de alguma forma para facilitar a comunicação e interação entre vocês?

- Quais são os seus interesses e como eles podem ser usados para ajudar a promover sua interação com você e os outros?

- Como ela se relaciona com você e os outros?

- Como participa, se envolve emocionalmente e mantém interações recíprocas?

- Quais são as características próprias de sua comunicação? Comunicação verbal ou não-verbal?

- Que comportamentos podem estar impedindo o seu progresso de desenvolvimento?

- Será que ela tem alguma questão fisiológica que afeta o seu desenvolvimento e/ou comportamento?

As respostas a essas perguntas vão ajudar você a ir além do rótulo do diagnóstico para conhecer sua criança e identificar os desafios específicos para serem trabalhados, contribuindo para seu desenvolvimento. De que forma? Vamos dar alguns exemplos! Se a criança se sair melhor em relação ao sistema visual, suas pistas não podem ser auditivas, elas precisam estar no campo visual; perceber a maneira que ela se relaciona com a família, é o primeiro sinal de como irá se relacionar com o mundo, então é muito importante observar essa relação; perceber como ela aprende sobre o mundo (Ex.: eletronicamente, repetitivamente, com apoio visual etc.), contribuirá para realizar o tipo de atividade apropriada facilitando seu aprendizado. A partir dessa compreensão, você será capaz de corresponder às suas necessidades com os programas de intervenção disponíveis e que se encaixam melhor para sua família, sem esquecer de considerar a importância de uma intervenção que abrace a complexidade, seja dialógica, dinâmica, abrangente, sistemática e transdisciplinar para apoiar o desenvolvimento e a aprendizagem da sua criança!

Prestar atenção é algo que se aprende!

Carol Mota

Os processos de atenção acontecem em um cérebro que tem seu próprio modo de processar e armazenar informações; e têm estreitas relações com outros processos básicos como a memória, percepção etc. É algo que se desenvolve no decorrer das experiências e interações.

A atividade atencional em cada situação é determinada pelo tipo de demandas ou exigências cognitivas que o contexto apresenta e pela capacidade por parte da criança para enfrentar tais exigências, ou seja, é importante observar: 1) o contexto – que pode exigir pouca ou muita atenção por parte da criança, ter muita informação visual que contribui para sua dispersão etc.; e 2) a criança – como se caracteriza sua atenção? Existe algum fator fisiológico que seja impactante? Quais suas habilidades e dificuldades? Consegue manter atenção sustentada e compartilhar com o outro percebendo todo o contexto?

Prestar atenção é algo que se aprende. Essa aprendizagem não ocorre no vazio, nem se explica satisfatoriamente quando se considera a criança isoladamente ou apenas com objetos. Trata-se de uma aprendizagem socialmente mediada por adultos que selecionam as informações e os estímulos do meio, que são capazes de modular as exigências de atenção apresentadas à criança em função dos recursos de que ela dispõe.

Nesse contexto, familiares/professoras/professores/terapeutas têm um papel crucial. Se a criança tem dificuldade para manter a atenção, mas se interessa por estímulos visuais, facilitar a interação com brincadeiras envolvendo esse estímulo pode proporcionar um maior tempo de atenção. Por isso, é importante saber: o que sustenta a atenção da sua criança? As preferências atencionais que as crianças mostram por certos objetos em relação a outros norteiam o caminho a ser seguido para ampliar suas habilidades de atenção, importante processo cognitivo.

Quem está brincando? Você ou a criança?

Carol Mota e Patrícia Piacentini

Os interesses da criança são a chave. E é assim que tudo se inicia no Floortime, componente do modelo DIR. Nele nos tornamos detetives, investigando qual a porta que a criança abre (espontaneamente) para que nós terapeutas possamos atuar e, junto à família, expandir os níveis de desenvolvimento. Acreditamos que isso proporcionará à criança uma autonomia emocional, necessária para a resolução de problemas. Às vezes essas portas se abrem nas brincadeiras motoras, outras vezes nas brincadeiras sensoriais, outras nos *scripts*... o importante é estarmos sempre ali, mediando esse desenvolvimento e validando a iniciação.

Se faz necessário compreender que no desenvolvimento infantil etapas como: relacionamento, engajamento, comunicação, alteração de comportamentos por meio da compreensão, crescimento emocional, desenvolvimento intelectual e diferenças individuais, são peças fundamentais que qualquer familiar, educador, educadora e terapeuta precisa validar para mediar a relação da criança com o mundo.

Nós DIR, validamos a criança, suas diferenças individuais, seu estado emocional e suas relações. Assim como Vigotski, que destaca que o homem se constitui como ser humano a partir das interações que estabelece com os outros, acreditamos que o crescimento intelectual e emocional acontece dentro do contexto dos relacionamentos. Por esse fator, validamos os grupos terapêuticos em que a criança nos mostra suas dificuldades interacionais, de convivência, divisão de espaço/objetos, iniciação, troca etc., momento em que podemos perceber as dificuldades nas relações e de participação no contexto de grupo. Além disso, as terapias em grupo nos possibilitam trabalhar questões específicas que ofereçam suporte para criança na escola no processo de inclusão, o que nos permite uma compreensão da criança em outros contextos que não seja terapia individual.

Sabemos que o mundo social exige na infância, primeiramente, o domínio da política do *playground* (práxis), o domínio da coordenação motora ampla, das habilidades de subir, descer, pular, correr etc., ações que permitam ela estar inclusa nos contextos do parquinho com as outras crianças, o que influencia diretamente no modo como a criança se percebe, em sua confiança em si mesma e em seus aspectos emocionais. Além dos aspectos motores, nesse mundo se faz necessário saber onde o corpo está no ambiente, fator bastante desafiador no autismo.

Olhando nossas crianças por essa perspectiva, é inegável que seguir sua liderança e interesses é o caminho mais promissor para trabalhar suas dificuldades, para construção do vínculo afetivo, engajamento e ampliação dos círculos interacionais e de comunicação. Quando pensamos em seguir a liderança da criança, não significa abdicar dos limites necessários para qualquer ser humano, não falamos em vagar sem rumo seguindo de brinquedos em brinquedos, queremos expor o fato de se planejar o que deve ser trabalhado com a criança com objetivos traçados a partir de seus interesses.

Nós DIR, não trocamos e não intimidamos, queremos construir pontes afetivas com a criança de modo a validar sua autoestima respeitando seus interesses, que muitas vezes diferentes dos nossos, mas humanos com desejos e anseios. Quem acredita no desenvolvimento, nunca deve esquecer que muitas vezes o interesse da criança é a janela emocional que nos permite saber o que ela pode fazer ou simplesmente não pode fazer.

Amamos seguir a liderança da criança, ela nos conecta. Amamos porque queremos que todas as crianças sejam participantes ativas, queremos iniciação. Não queremos o jogo fornecendo todas as ideias, em que apenas um dos lados crie, proponha, invente. Queremos brincar juntos. Queremos participar da brincadeira e mediar a interação dessa criança com o mundo, contribuindo para que o que é difícil para ela se torne mais fácil. Queremos ajudá-las a superar as lacunas que podem ocorrer sempre que a criança tenta expressar suas intenções. Em alguns momentos discutimos sobre o estar brincando, sobre como quem participava, falava, fazia: eram os adultos. É importante se fazer essa pergunta no autismo: quem está brincando? Você ou a criança?

Criança tem que ser feliz na terapia!

Carol Mota

Refletindo a respeito de alguns comentários sobre crianças em terapia e sobre a visão de processos terapêuticos (vivenciados por crianças) que algumas pessoas têm, decidi escrever um pouco sobre isso. Embora com o recorte para o contexto terapêutico, em que emergiu a ideia para o texto, é importante destacar primeiramente que *as crianças têm que ser felizes em todos os lugares!* Seja em casa, na escola, na terapia etc.

A qualidade da educação, a interação e a sensibilidade aos sinais da criança é o que está associado com suas condições de desenvolvimento. Explicações psicológicas simplistas podem levar as pessoas a acreditarem que o comportamento pode ser controlado pela simples reorganização de recompensas e punições. O que coloca o foco sobre disciplina, mais que sobre relacionamento e envolvimento afetivo.

Todo ato cognitivo vem acompanhado do motor afetivo. Em minha visão de mundo e no modelo de intervenção que acredito e vivo, os relacionamentos são a base mais crucial para o crescimento, tanto intelectual quanto social. A aprendizagem é fornecida pela interação humana e é por meio das interações recíprocas que a criança aprende a controlar ou modular seu comportamento e seus sentimentos, a se comunicar, a pensar, a ter empatia... e tantas outras coisas que não caberiam aqui. As crianças precisam estar felizes na terapia, sim! Quando uma experiência é negativa, quando você não tem uma criança emocionalmente envolvida, você tem o sistema de estresse tomando conta de tudo. Por isso, sempre busco que as experiências sejam positivas e prazerosas a partir de situações emocionalmente significativas. Quando valorizamos a iniciação da criança e montamos um cenário validando seus interesses para que ela esteja emocionalmente envolvida na interação, oferecemos uma experiência emocional/cognitiva combinada. Cada experiência tem em si afeto e cognição, mas aquelas que são emocionalmente muito significativas para a criança são as que apreendem seus desejos e promovem sua inteligência!

Formação de Conceitos e Autismo: Dicas práticas

Carol Mota

O conceito permite às pessoas dividir os objetos em classes ou categorias. Com o conceito de "frutas" podem-se classificar coisas como "fruta" e "não-fruta". No dia a dia as pessoas, para dar sentido ao mundo e funcionar de maneira eficiente nele, tendem a classificar e categorizar os diferentes estímulos e designá-los em categorias, formando os conceitos para compartilhar significados no contexto social. Sendo assim, o desenvolvimento de um conceito geralmente começa com sua definição verbal e sua aplicação durante as experiências vividas.

Vigotski chama atenção para o fato de que uma criança de 3 anos e um adulto podem se entender por que partilham de um mesmo significado, mas baseadas em operações psicológicas diferentes (características concretas/significações abstratas); isso significa que o conceito no sentido real não está desenvolvido. A criança pode aplicar a palavra corretamente antes de tomar consciência do conceito real.

Para que as práticas no autismo sejam mais adequadas à formação de conceitos, seguem algumas sugestões:

- Trabalhar com materiais concretos;
- Utilizar os interesses da criança e suas ideias que são fundamentais para a construção de significados;
- Utilizar meios variados: filmes, vídeos, exploração de campo, jogos, músicas;
- Trabalhar com suporte visual (imagens);
- Verificar inicialmente se a criança percebe que um objeto se refere ao conceito indicado. Em seguida verificar se reconhece características necessárias ou suficientes para incluir ou não os objetos em um conceito dado;
- A resistência para substituir alguns conceitos é superada se o conceito trouxer maior satisfação: for significativo, fizer sentido e for útil.

Categorização

Carol Mota

No dia a dia, as pessoas tendem a classificar os diferentes objetos e materiais do ambiente a partir de categorias, processo que se inicia na infância a partir do esquema corporal. O ato de classificar envolve uma atividade de seleção que tem como base um sistema de categorias criado pelos conceitos de cada sujeito. O conceito permite às pessoas dividir objetos em classes ou categorias. Com o conceito formado é possível classificar os objetos, daí a importância de um trabalho que permita as crianças se apropriar dos conceitos para em seguida classificar e categorizar. Grande parte da cognição humana depende do processo de categorização, o que possibilita a criança dar sentido ao ambiente em que está inserida.

Em toda uma série de atividades cognitivas, como na identificação de objetos, na lembrança de informação, na resolução de problemas, no uso da linguagem, na aprendizagem do sistema numérico decimal, na aquisição de regras ortográficas etc., a categorização desempenha um papel preponderante. No autismo, o interesse da criança pode ser o ponto de partida para se trabalhar essas categorias, se a criança gosta de animais podemos envolver fazenda/fundo do mar/selva; da mesma forma com os diversos personagens que podem ser classificados de acordo com os desenhos preferidos! Esse processo é fundamental e é base para chegarmos à alfabetização!

O ato de aprender...

Carol Mota

O ato de aprender envolve quatro pilares: aprender a conhecer; aprender a fazer; aprender a conviver com os outros; e aprender a ser. A escola deveria trabalhar com todos eles, porém trabalha apenas com o ato de aprender a conhecer focando em conteúdos acadêmicos e, em alguns momentos, no ato de aprender a fazer. Aprender a conviver e aprender a ser, aspectos tão importantes para vida, muitas vezes são deixados de lado e não recebem a devida atenção, o que nos mostra que a escola se organiza para o conteúdo cognitivo, mas não demonstra preparo para lidar com o conteúdo emocional.

No autismo, o aprender a conhecer quando conectado a ação – ao fazer, facilita a compreensão, tal fator está sempre atrelado ao ato de aprender a conviver, a relacionar-se, a ampliar os processos interacionais, considerando que essa é uma área desafiadora no transtorno. Além disso, indissociável do aprender a ser, já que a todo momento o sujeito está se constituindo na relação com o outro. Sendo assim, seja na escola, na terapia ou em casa é importante interligar os pilares, validando aspectos cognitivos e emocionais, para contribuir com o desenvolvimento pleno do sujeito com clareza que para qualquer criança um trabalho que contemple apenas os aspectos cognitivos se mostra ineficiente se não considera os aspectos emocionais.

Autismo na Escola: Formação de Professores

Carol Mota

É inegável que em grande parte do contexto escolar nos deparamos com práticas educativas em que as pessoas apresentam dificuldade para lidar com o autismo, lacuna existente desde a formação inicial em que profissionais de pedagogia e licenciaturas tem pouco acesso aos conhecimentos necessários para um trabalho eficaz. Digo isso por experiência própria e por ouvir vários relatos de profissionais dessas áreas. Durante minha formação acadêmica tive/tenho bastante contato com teorias, reflexões importantes para compreender processos e orientar meu olhar, porém todo meu aprendizado para lidar com autismo foi construído por meio de vivências práticas no dia a dia com as crianças no Centro de Desenvolvimento Infantil, aprendendo e trocando com profissionais nesse contexto.

Se a formação acadêmica no campo da educação não oferece embasamento necessário para atuação profissional em relação ao autismo, óbvio que isso se refletirá no espaço escolar. Nesse aspecto, é necessário que a transformação para que as práticas sejam de fato inclusivas ocorra nas escolas, mas, também, nas bases curriculares dos cursos superiores, para que os profissionais em sua formação possam ter acesso aos conhecimentos que irão embasar seu trabalho futuramente. Se a formação inicial demonstra lacunas, precisamos também solicitar a formação continuada nas escolas para que profissionais estejam cada vez mais preparados/preparadas. Refletindo sobre a formação das/dos profissionais que atuam no campo da educação e buscando compreender esse processo que poderemos identificar que aspectos podem ser melhorados e buscar o aperfeiçoamento desses espaços para que de fato sejam inclusivos e plurais.

Autismo e a importância da relação na Escola

Carol Mota

Acompanho uma criança há 8 anos e nossa relação, além de minhas vivências e estudos, me despertaram o desejo de escrever um pouco sobre isso.

Muitas vezes as pessoas me dizem que iniciaram um trabalho com uma criança com TEA e me perguntam por onde começar. Eu sempre respondo: pelo vínculo afetivo. Quando você inicia buscando cativar e conquistar a criança e quando ela passar a gostar de você, a pedir por você chamando seu nome, sinalizando corporalmente ou abrindo um sorriso enorme ao te ver, todo o restante do processo é facilitado. O relacionamento afetivo de vocês vai oferecer todo suporte para o desenvolvimento intelectual da criança e para sua aprendizagem.

Observe o brilho nos olhos e o sorriso da criança enquanto você propõe as atividades de seu interesse, usa os brinquedos e materiais que ela tanto gosta, e quando ela interage com você. Está sendo bom e alegre para ela realizar a atividade ou está sendo enfadonho e ela está realizando a ação de maneira mecânica apenas com o objetivo de finalizar? Quando falamos de aprendizagem, é importante considerar que ela só faz sentido quando é prazerosa e, sendo assim efetivamente, as interações emocionais e um bom vínculo afetivo com a educadora ou o educador irão possibilitar a criança superar os diversos desafios acadêmicos que surgirão no caminho.

Quando a criança sente prazer, ela é estimulada a aprender. Dessa forma, é fundamental considerar que o processo de aprendizagem está inteiramente ligado ao contexto afetivo. Na medida que o sujeito é visto como um todo, suas relações interpessoais (família, pares etc.), bem como seu estado emocional, precisam ser percebidos e considerados como influentes no processo. No contexto da sala de aula, é fundamental considerar a relação professora/professor-estudante e, sendo esse um aspecto importante, para as crianças com dificuldade de interação social e comunicação, é fundamental olhar para isso de modo peculiar e minucioso. Além de considerar a importância da troca entre a família e a escola, que favorecerá a criança de maneira significativa.

Quando existem dificuldades e as necessidades afetivas não são satisfeitas, passa a existir uma barreira no processo de ensino-aprendizagem e, portanto, para o desenvolvimento do/da estudante e do/da professor/professora.

Promovendo sentimentos agradáveis e criando uma relação consistente com a criança, o senso de segurança dela e a confiança em você vai permitir que ela arrisque nos momentos em que se sente insegura e quando tem dificuldade. A partir disso, pode-se pensar nos conteúdos a serem trabalhados para favorecer seu desempenho.

Então, educadores e educadoras, brinquem com suas crianças seguindo seus interesses, conectem, investiguem e tragam para as brincadeiras os personagens que elas gostam, reformulem, busquem os sorrisos, troquem com a família, troquem com terapeutas que acompanham a criança e fortaleçam o vínculo entre vocês para em seguida expandir! A partir desse momento, quando a criança compartilhar da sua companhia com prazer, todo caminho seguinte do trabalho pedagógico será facilitado. É importante 1) ter um olhar global e empático quando observamos a criança; e 2) validar seu nível de desenvolvimento, suas diferenças individuais e suas relações, nesse caso específico a relação professora/professor-estudante para contribuir com os avanços da criança nesse contexto.

Antes de me ensinar a escrever...

Carol Mota

[Especialmente para todas as educadoras e todos os educadores de crianças com diagnóstico de autismo]

Mesmo que eu já esteja em uma idade para ser alfabetizado e que meus pais estejam cobrando isso, é fundamental que eu esteja calmo e atento ao mundo antes de aprender qualquer coisa. Se eu já consigo fazer isso e nós já construímos um vínculo afetivo: ótimo! Então, repare primeiro no meu olhar.

Se eu ainda não consigo dividir minha atenção com você, que tal se a gente começar por aí antes que eu pegue em um lápis? Você pode tentar atrair minha atenção com coisas pelas quais me interesso, pode ser um personagem de desenho que eu gosto, personagem de filme, um livro, músicas, brinquedos etc. Quando eu já estiver compartilhando minha atenção com você, irei adorar fazer atividades, de acordo com o nível de desenvolvimento em que eu me encontro, com meus personagens preferidos. Pergunta pra minha mãe, se você não souber. Caso eu ainda não esteja nesse nível, não vamos pular etapas, tá? Porque isso pode me atrapalhar e fazer com que eu crie uma certa aversão ao lápis. E eu não quero isso, quero aprender a escrever como meus coleguinhas. Podemos rasgar papéis, fazer atividades de colagens, com velcro, com tintas etc.

Por favor, você pode reparar se na minha sala de aula tem muitos estímulos sensoriais que me atrapalham? Às vezes está muito barulho e eu não consigo dar conta, por isso ponho as mãos nos meus ouvidos e fico no canto da sala. Teve até uma vez em que eu mordi meu colega porque uma criança gritou de repente muito forte do meu lado e eu me assustei, foi tão rápido que eu não consegui processar a informação e reagi dessa forma.

Se você reparar que não consigo ficar sentado, o que você acha de começarmos a fazer atividades na parede antes de irmos pra mesa? Você pode colocar um papel que forre a parede e juntos poderemos nos divertir com uma atividade direcionada em pé usando carvão ou giz, por exemplo, tem tantas coisas que podemos fazer! Acho que seria muito legal e você veria que, com a proposta adequada, eu consigo fazer várias coisas.

Ah! Podemos juntos fazer atividades com outros materiais também que sejam legais, antes que eu pegue logo no lápis... poderíamos furar o isopor com palitinhos de picolé, por exemplo, seria super legal e trabalharia a coordenação motora fina também. Daí, quando eu já estiver conseguindo fazer a famosa "pinça", acho que podemos ir pra próxima etapa: aprender a escrever.

Se por acaso, depois de várias atividades que fizermos juntos você perceber que eu tenho um comprometimento com a coordenação motora fina, o que me impossibilita de fazer a "pinça" e escrever, não vamos desistir, por favor! Quando eu estiver pronto, eu também posso ser alfabetizado por meio da digitação. Posso aprender as letras, escrever e me comunicar com você utilizando a tecnologia. Ficarei feliz e serei eternamente grato por toda sua dedicação e empenho em me ensinar.

[Inspirado no texto *Antes de me ensinar a falar...* de Juliana Maia]

Autismo e a atual Estrutura Escolar

Carol Mota

Ouço muitas professoras relatarem "Eu tenho uma criança na sala de aula que tem necessidade de se movimentar e eu não sei o que fazer". Primeiro gostaria de destacar o sistema vestibular, que está relacionado ao movimento e é importantíssimo. Eu tenho várias crianças que estão fazendo atividade estruturada, vão e voltam. Essa necessidade de movimento existe. Claro que, um corpo em movimento o tempo inteiro, irá impactar no aprendizado. Esse movimento cabe dentro do atual modelo de sala de aula onde existem cadeiras, livros, cadernos, professora/professor etc.? Não. Logo, acredito que a própria estrutura da escola precisa ser repensada. Um exemplo que poderia facilitar a participação dessa criança nesse momento é a cadeira de pilates, que, fazemos uma adaptação usando um pneu com uma bola bobath. A organização do ambiente é uma questão que merece importante destaque!

Na perspectiva walloniana, o meio é o espaço de atuação da criança, sobre o qual ela aplica as condutas de que dispõe, ao mesmo tempo em que retira os recursos para suas ações. A cada idade o meio é diferente. Diante disso, há uma necessidade de se planejar a estruturação do ambiente. "Se for estruturado adequadamente, pode desempenhar um decisivo papel na promoção do desenvolvimento infantil" (GALVÃO, 2012, p. 101). Greenspan (2000, p. 16) também disserta sobre a importância de um ambiente que favoreça o desenvolvimento, segundo o autor "modificar o ambiente da criança ajustando os estilos de criação pode influenciar os resultados significativamente". A partir disso, vamos nos colocar um pouco no lugar das nossas crianças, não é difícil perceber que: não tem como a estrutura física não acomodar o meu corpo e eu querer aprender!

Quando pensamos em uma educação inclusiva vemos que precisamos de muitas reformulações. Não existe uma receita. "O que eu faço para tal criança?", não tem receita. O que é que falta? Informação sobre sistemas sensoriais e motor. Um exemplo muito comum é o da criança andando na ponta dos pés, ansiosa, sem fazer natação para acomodar o sistema proprioceptivo, mas inserida em uma rotina de cadeira, cadeira, cadeira, cadeira... é cadeira na escola, é cadeira na fonoaudióloga, é cadeira na psicóloga, é cadeira.

Percebe-se que essa mesma criança senta em W, demonstrando baixa tonicidade muscular. Se vemos que a criança se senta com essa postura, demonstrando tônus baixo, precisamos pensar em como melhorar a qualidade de sua atenção! Eu posso aumentar a concentração da minha criança se fortalecer seu tônus, der consciência muscular, consciência corporal. Mas como isso pode ser feito? Com a natação, por exemplo, com exercício físico. É importante entender o perfil da criança, pois só ele vai dar condições de realizar um bom trabalho!

ILUSTRADORES

Maria Clara Andrade de Souza tem 9 anos e é apaixonada pelos animais. Aos 2 anos teve o diagnóstico de TEA e desde os 5 anos é uma desenhista cheia de criatividade, que adora ilustrar animais muito expressivos, coloridos e ricos em detalhes. Interessada, carinhosa e atenciosa com o mundo animal, quando crescer quer ser veterinária.

Renan Santana Coelho de Lima tem 10 anos, ama as artes e aos 4 anos teve diagnóstico de TEA. Adora construir objetos, apreciar ilustrações, desenhar e se envolver em atividades com datas comemorativas e fantasias. É uma criança espontânea, bem-humorada, cheia de alegria, criatividade e ideias, que gosta de conhecer lugares, histórias e movimentos culturais.